瞑想で心の癖を変える

ヒマラヤ大聖者のシンプルな智慧

ヨグマタ　相川圭子

目次

第二章 魂の存在に気づく

第三章 心の癖を変える

第四章
「真ん中」にいるということ

はじめに

私たちは、人を愛したり、ものを愛したり、さまざまなつながりをつくって、豊かな生活を探し求めています。豊かであるといわれているなかで、本当の豊かさとはなんなのかと考え、本当に豊かなもの、本当に豊かな知識、本当に豊かな人との関係を求め続けています。

それが得られたとき、得られなかったとき、それをあきらめてしまった人生と、さまざまな人生があります。

人はいったいどのような人生を生きていったらいいのでしょうか。

今回、みなさんがよりいっそう深く自分を見つめるきっかけとなればと、この本を書かせていただきました。どうしたら、まわりと自分のなかのつながりを、調和がとれ、愛があり、本当の自由を感じて、ストレスのない成長にしていくことができるのでしょうか。そのようなことも考えながら書きました。

私たちの心は、素晴らしく発達をして、日々体験をし、豊かな人生をつくりあげて

いっています。そうしたなかで、どんどん望むものを手に入れて、勝ち続けている人もいるでしょう。

物質的な豊かさを手に入れ、また、知識を豊富にして、物事の理解を深め、豊かな精神を形成している人もいるでしょう。そうやって、どんなに素晴らしいものを外側から手に入れても、そこには必ずストレスがつきものですが、そうしたものも、無視して生き続けているのかもしれません。しかし、さらなる豊かさを求めて、あなたは最高に美しい人生を築き上げていくことができるのです。

一方、ストレスを感じ、望むものが手に入らないという体験をした人もいるでしょう。何かが混乱しているのかもしれません。どうしたらよいのでしょうか。あなたの心の性質をもっとよく知り、体の性質ももっとよく知り、そして真理とは何かということに気づけば、よりいっそう楽に生きていくことができるはずです。

この本ではそれぞれの章で、そうした心の働きや感情の働きについて、考察しました。

人の心や感情は、ときに顕著に表れるので、よく見ることができます。自分のなかに表れた心も、もちろん見ることができます。しかし、多くの人は、自分を守るため

に、自動的に反応し、自動的な行動をとっています。もっと覚醒し、自分が何を考えているのか、どう行動しているのかということに、気づく必要があります。この本では、そうしたことにも触れました。

あなたがさわやかな気持ちで、力強く生きていくためのガイドも、サマディ（悟り）からの智慧を込めて紹介しました。誰もが素晴らしい可能性を持っています。一所懸命生きていけば、いつか可能性が開けるかといいますと、そうではありません。すでに私たちは、運命が決定されているのです。過去生からのさまざまな行為の印象が刻まれたカルマ（業）が、運命を決定しているのです。そのカルマの大きな影響のもとに、人生は展開していきます。

私は、稀有な縁により、ヒマラヤ聖者にピックアップされ、何年にもわたり、ヒマラヤの奥地の山にこもり、死を超える修行をすることができました。究極の真理に出会う、サマディへの修行をし、サマディに達しました。

すべての社会生活から離れ、心と体を浄化して、内側を透明にし、そのさらに深くに何があるのかと探求していきました。私たちの究極の存在が何であるのかというこ

とを、身をもって、実践を通して体験しました。それは心身のすべてが浄化され、純粋な魂、本当の自分になるという体験です。神と一体となるという体験です。究極の悟りです。

この体験から、あなたにサマディからの智慧をシェアしているのです。

あなたは、もともと素晴らしい、源からやってきた永遠の存在である魂から、さらに学びのために、心の機能をいただき、体をいただいて、この世でさまざまなことを体験しています。その体験が、ただ欲望に翻弄（ほんろう）されるのではなく、しっかりと源につながっていかなければ、暴走をしてしまい、自分が何をやっているのか、次第にわからなくなってしまうのです。

誰のなかにも純粋な魂が宿っています。しかし、それが曇ってしまい、そこから切り離されて、自分の純粋な魂がわからなくなっているというのが現実なのです。あなたは源を離れてしまいましたが、やがてそこに戻っていくという約束のもとに、さまざまな体験をしているはずなのですが……。魂をすっかり曇らせてしまった現代人は、果たして源に還（かえ）ることができるのでしょうか。自分が誰であるのか、思い出すことができるのでしょうか。

現代人は、現代社会に生きることにより、欲望をいやがうえにも肥大させ、ひどい曇りをつくってしまいました。その曇りのことを、たくさん述べさせていただきました。あなたは、晴れやかなあなたになるために、もう一度、源に、信頼によってつながらなければならないのです。

現代人のほとんどは、欲望によってつながっています。キラキラと輝いて見えるもの、美しいものとつながっています。そして、ほとんどの時間を、そのつながりのなかで費やしているのです。生まれてきて本当にしなければならないことをやっていただきたいと、私は願っています。あなたの人間としての成長を、心から願っています。

生きていることは、とても素晴らしいことです。本当の意味で自分を磨くことができるからです。ヒマラヤ秘教の恩恵は、これまでに知られていたこととは、まったく違った自分の磨き方です。あなたは、何かを得るのではなく、落としていくのです。捧（ささ）げていくのです。シェアするのです。それは、あなたがもともとは輝く存在であり、その光を放ちたい、という源からの願いに沿った生き方なのです。

私たちは生まれてから、いやそれ以前から、「不足」にばかり意識を向け、不足を探し続けています。黒い点ばかりを見ています。その黒い点とは、なんでしょうか。あなたの癖です。その癖が増大していきます。醜い細胞が増えていくようなものです。それも、知らないうちに、押し寄せるように増大しているのです。私は、おせっかいにも、あなたにそのことを警告したくて、この本を書かせていただきました。一般にはどうでもいい癖だと、思えるかもしれません。甘いものが食べたくなったら、甘いものを食べて楽しめばいいのではないですか。そうです。人生は豊かに過ごすに限ります。

でも、ただ、それがどういうことであるかということを知っていくこと。あなたのそうした智慧が、やがて、あなたを本当の喜びの生き方に導いていくのではないでしょうか。

ただやみくもに欲望を満足させる生き方から、本物の生き方へとシフトしていただき、人生をより価値あるものにしていっていただきたいのです。教育が充実し、生活が充実した今、内側からの喜びを得るために、ヒマラヤの恩恵は最短コースであなたの内側を浄化させ、変容させます。そうして、あなたに、あなたの本質を取り戻して

いただきたいのです。

あなたがより進化し、意識を高め、心の闇が消え、愛と平和と智慧に出会えるヒントが、この本の中にあるはずです。人生がより輝きますように、あなたの人生が真理に向かいますように、あなたの幸せをお祈りいたします。この本を書くにあたり、多くの方々にサポートいただきました。皆さまのご支援に感謝申し上げます。皆さまの幸せを、お祈りいたします。

２０１４年8月27日
ヨグマタ　相川圭子

第一章　心のしくみを知る

心は常に働いています

あなたが心の働きを感じるのはどんなときでしょうか。

何かを気に入って、手に入れたいと最大の努力をはらっているときでしょうか。誰かに恋をして、その思いを伝えられずに心が悶々（もんもん）としているときでしょうか。何か大切なものを失い、そのことをずっと後悔しているときでしょうか。

「針のムシロにいるようだ」という、心の苦しい状況を表現する言葉もあります。実際そんな体験をした人もいるかもしれません。事業に失敗して四面楚歌（しめんそか）になったときなどが、そうなのでしょうか。

普段、心の働きはあまり見えません。しかし、そのようなときには、とてもよく心の働きが感じられることでしょう。

もちろん通常のときでも、人の心は働き続けています。例えば、何か欲しいものが思い浮かんだとします。それを買おうと出かけるにあたって、どの道を通って行こうか、何を着て行こうかなど、さまざまな思いが頭の中を駆け巡ることでしょう。

そうして、外に飛び出し、さらにあれこれ考えているときに、ふとショーウィンドーの美しい洋服に、視線が止まります。

「あれは心地よさそうな洋服だわ」「ちょうどああいったものがないので、きっと便利だろう」と、その洋服からくる刺激に欲望がどんどん引き出され、自分にとても必要である、と思うことになります。

そして、強く欲しいと思った瞬間、衝動的にその店に入り、購入することになるかもしれません。あるいは思いとどまって、そこを立ち去るかもしれません。

いずれにしろ、こうした心の働きはずっと続いているのです。

このような心の作業は、まるで光のような速さで行われています。しかし、心は見えないことが実に多いのです。

何かを見たときや、人との会話、テレビや書物などの言葉に心が刺激され、欲望や感情が湧き出し、そして心は展開していきます。多くの場合、本人は心のからくりに

気づきません。

心はいつも働いていますが、外側から見えることはありません。

しかし、究極の「サマディ」に達すると、内なるメカニズムがよくわかります。サマディとは、心と体を浄化して超越し、創造の源にある真理と一体になり、究極の悟りを得ることです。ヒマラヤ秘教には、サマディに至るための智慧と実践法が伝えられているのです。

心は「くっつく性質」を持っています

心が発達しているのは、人間だけです。心は、視覚、聴覚、味覚、嗅覚、触覚などの感覚から発達してきたものです。

人間は、危険を回避し、生命力を豊かに成長させていくため、さまざまな情報を得る必要がありました。視覚をはじめとする感覚から得たさまざまな情報の中から、自

分に必要な良い情報を識別し、取り入れ、進化してきました。

関心のないものについては、感覚には情報が入ってきません。自分に合う情報、役立つ情報であれば、無意識のうちに入ってきます。興味があって求めているものについては、特に入ってきやすくなっているのではないでしょうか。

そして、役立つ良い情報が入ってきたときには、生命エネルギーが働いて、磁石のようにくっつける作用があるともいえます。**人が求めている情報と、求められている情報がくっつきます。その二つがマッチングすると、それがシグナルになってスイッチが入るのです。そのように、心は「くっつく性質」を持っています。**

情報を求めているのは、欲望です。欲望には、生きるために人が必要とするものと、エゴからのもの、限りない数のマインド（心）の、数々の発展欲があります。さほど必要ではないものがあります。また、自分ではほとんど気づかないような欲望もあります。

例えば、何かおいしいものを食べたとします。そのおいしさが忘れられないと、心は再びそれを求めます。その体験は記憶になり、それを売っている店を探すかもしれません。すぐに探し出せなくても、何年か後にそうした店に出会って、再び引き寄せ

られるかもしれません。

ヒマラヤのとある道場に厄介になり、一人で修行をしていたときのことです。とても小さな、生まれたてのような子猫が、私の部屋に入ってきました。

私はその子猫に、ちょっとどうかとは思ったのですが、甘いお菓子をやりました。すると次の日も、子猫はその味が忘れられずにやって来たのです。猫は本来、肉を食べる動物ですが、お菓子の味が忘れられなくて、そのような行動を繰り返したわけです。

人間でしたら、どうしよう？　とか、行ったばかりだからとか、さまざまな心が働いて、続けては来ないかもしれません。しかし、猫はその味が忘れられず、しっかりやって来たのです。

子猫の何の穢れもない純粋な感覚にとって、この甘さとの出会いはたいへん印象深い体験だったのだと思います。その印象はそれを繰り返させる行為にプログラミングさせたのです。私は「くっつく性質」のことを考えるとき、子猫の可愛さとともに、そのことを思い出します。

もちろん修行していた私の純粋なエネルギーも、それを引き寄せることに影響したのかもしれません。そうしたことも、サマディの修行中には起きることではあるのです。

さまざまな因子が「くっつく性質」をつくっています

心の「くっつく性質」には、いろいろな要因があります。

おいしいという記憶で引き起こされることもあります。好きという、心地よさが引き寄せることもあります。心の思いの原因があって結果があるのです。

つまり因子を持っていると、それによって引き寄せられるということです。その因子は、今生のものであることも、過去生のものであることもあります。昨今は引き寄せの法則といっています。

しかし、本人が気づかず、多くは無意識に行われています。それは正しく用いない

とけがをすることになります。

心に否定が根深いと、良い思いからの体験ではないものも引き寄せます。それは自分を蝕(むしば)む悪い思いや、あるいは癖です。そうしたときには、さすがに気づくこともあるようですが……。それらに気づいていくことが進化です。

「類は友を呼ぶ」とよくいわれていますが、同じ性質のものや、同じ波動のものは引き合うのです。この引き寄せる法則は、*カルマの法則、因縁の法則でもあります。後で詳しく説明しますが、同じ因子を持っていると、それが引き合うのです。

あなたが「こういうタイプの人が好き」という思いがあると、大勢の中からそうした人が目につき、探し出せることがあるかもしれません。

それは、このような波動が欲しい、と願っていると、あなたのアンテナにその波動を引き寄せるのです。

逆に、求めてはいない情報は、無視ないしは排除ということになります。それは無関心なので引き寄せないし、近づいてきたときには排除となります。

しかし、嫌いなのに引き寄せられることもあります。それは無意識のこだわりの心

がそこにあるからなのです。

これらのことは無意識で行っていることが多く、頭でしっかりと考えて行っているわけではありません。

もちろん、ひどく好きであるとか、嫌いであるときは気づきます。しかし、考えて行っていること以上に、私たちが長時間、無意識のレベルでその都度行っている作業なのです。

これらの無意識の作業によって、最初の体験があって、それに執着したとき、あるいは繰り返した体験で、引き寄せることが自動的に起きるようになっていきます。

引き寄せるのは、それを好む気持ちがあったり、相性が良かったり、こだわりがあったりするからです。その後は、その感覚に従って価値判断し、自動的にそれが起き続けます。ただし、悪い癖で引き起こされることが多いということもあるので、一概に良いことばかりとはいえないのです。このからくりを知っていく必要があります。

＊カルマ　日本語では業といわれ、思いと行為のこと。考えること、思うこと、感じること、行動することはすべて心身の行為であり、それは記憶となって心の奥深くに

その印象が刻まれます。そして、外からの刺激により、それが活性化され、カルマの記憶は再びカルマの欲望によってのアクションを引き起こします。

「くっつく性質」の起源は宇宙にあります

「くっつく性質」の起源について考えてみましょう。

宇宙では、さまざまなエネルギーが引き合っています。引力が働いているわけです。

宇宙には、さまざまな創造物があります。それらの創造物は、すべての創造の源、神（ブラフマン）によって創られました。

まず、すべてに生命を与える、サンスクリット語でいわれるプルシャという存在が現れ、同時にプラクリティという物質の源の存在が現れました。その後、神の意思によってその二つのエネルギーがくっついてすべての創造物が生まれ、展開していきます。その性質は活動的な質、暗性の質、それに純粋な質が混在して成り立っています。

それは見えない形から、見える形への創造です。空気中の水素と酸素がくっついて、水という見える物質になるというような創造です。

存在の源に、空、風、火、水、土のエネルギーが現れます。そうしたなかで、それまで目に見えなかった物質が、順次目に見える物質になっていき、物質が現象化していったのです。

そうした**創造のさまざまなプロセスが、宇宙には起きています。引き合う力（引力）によってバランスをとりながら、創造と破壊が繰り返され、良いものを維持し育てているのです。**

宇宙では惑星と惑星が引力で引き合い、バランスをとっていますが、そこには広大な空間があります。引き合う力により、その宇宙空間で新しい星が生まれたり、または消滅する星もあります。

宇宙も地球も常に引き合って、空、風、火、水、土の五つの元素が混在して、新しい性質の物質をつくり続け、同時に消滅し続けています。植物が生まれ、動物が生まれ、増え続けて、役割を終えると消滅し、新しい生命が誕生していきます。それが宇

宙創造の営みであり、神秘なのです。

人間も、そうしたなかで生を受けました。生きるために、幸せになるために、どんどん成長し、男性と女性は引き合います。男女は結ばれて子孫をつくり、必要なものを引き寄せ、必要なものを食べて成長していきます。

それぞれの生物は、何を引き寄せ、何を取り込めばいいか、太古からプログラミングされ、それが習性になっています。

さらに人間は心を発達させて、それを使い、便利さ、快適さを追求していきました。そうして、今やその回路にどっぷりつかっているかのようです。人間が次々に創造していく回路は、とても速くスムーズで、自然に生まれた働きと見分けがつかないくらいです。

自分の好みによって、良いものをくっつけ、記憶の作用によって、守るためのものをくっつけ続けています。知識を取り入れ、友達を取り入れ、信用を取り入れ、疑いを取り入れ、愛を取り入れます。また同時に嫌悪も取り入れて、巧妙にバランスをとっています。

それが、「くっつく性質」の起源であり、プロセスなのです。

感覚が「くっつく性質」の入り口です

「くっつく性質」の入り口を担っている、感覚について見ていきましょう。感覚はすべての動物にあり、それぞれに特有な感覚の発達の仕方があります。

目がよく遠くが見える鳥たち、皮膚の感覚で速く泳ぐことができるイルカ、耳が発達して遠くの音をキャッチする象、そして犬は匂いに敏感です。それらは、安全に生き延びるため、逃げるために備わった大切な命綱の機能です。

それぞれ、一つの感覚がより鋭く発達して、超感覚といわれる機能もあります。それらの感覚によって、大自然のなかで身を守って悠々と生きています。何ら不自然なものを持たずに、自然にサレンダー（明け渡す）して生き続けているのです。

人間は、一つの感覚の発達だけではなく、神から多くの恵みをいただきました。視

覚、聴覚、嗅覚、味覚、触覚をいただいたうえに、超感覚もいただいています。それらの感覚は、まず外の世界と接して情報を伝えてきます。

美しい景色を見るのは視覚の機能、つまり目の働きです。二つある目の片方が欠ければ、神経が狂い、体のバランスがとれないのです。二つ備わっていることは、意味のあることです。また、「目は心の窓」とよくいわれるように、心の状態をも表します。目は色を識別することにより、センサーの役割をしています。そのセンサーは物体の色の波動を敏感に感じ、それを心に伝えているのです。そして、体験や知識の記憶が引き出され、照らし合わされ、心はそれがなんであるか識別して、理解します。

例えば、赤い色だとエネルギッシュだと理解されたりします。あるいは、過去に火事にあった記憶が引き出され、怖いという感情が湧き上がってくるかもしれません。その人の過去の体験によって、赤い色に怖いという判断がくっついてしまうと、そのようなことになるわけです。

感覚はセンサーなのですから、外の情報を正しくあるがままに捉えることが必要ですが、そうはなっていないのが実情です。それを、感じる人、感じない人、さらに、個々の心の思い込み、価値観による解釈が入り、実にさまざまなケースがあるのです。

感覚からの情報により心が働きます

感覚は神経の働きです。心と体の内側の異常も知らせてくれます。

目は、真の悟りや幸福の修行をする際、内側を浄化していく大切なツールになります。

きれいな音色が聞けるのは聴覚の働きです。耳は二つあり、左右のバランスが大切です。

歳を重ねてストレスなどで、難聴になる人もいます。体のゆがみや心のストレスを、耳を通して知らせてくれます。耳のバランスをとることが、体調を改善することにつながるわけですが、体のゆがみやストレスが改善されれば、耳の状態も良くなります。

そうして、音は心を浄化する大切なツールになります。

芳しい香りは、嗅覚の働きが届けてくれます。鼻孔も二つあります。

左右の鼻の呼吸が、二時間ごとにスイッチの切り替えで働いていることを、ヨギ（ヨガの聖者）は発見しています。それによって心理状態、体の状態がわかり、鼻の呼吸のバランスで、神経をコントロールすることができます。やはり、呼吸によって鼻のバランスをとることが、素晴らしい修行法になるのです。呼吸で取り入れるプラーナ（生気）の統制で、生命もコントロールできていきます。

そして、おいしい食べ物を味わうのは味覚の働きです。変なものを食べてお腹をこわさないようにしています。それに、舌や喉も修行のツールになるのです。

気持ちの良い季節のそよ風の感触は、皮膚の感覚であり、安らぎを伝えてくれます。それらの感覚によって気づきが進化し、意識を覚醒させ、そのことでさらに深いバランスをとることができます。

これらの五つの感覚に加えて、第六感の超感覚は、あなたを未知の世界にいざないます。

そして、六つの感覚から伝えられる情報を受けて、心が次なる行為をします。情報を理解し、記憶し、判断します。そして、再びその気持ち良さを味わいたいという欲望が湧き、執着をつくり、その体験を繰り返し求めます。

実際には、心が求めているのですが、まるで感覚自体が求めているかのようです。感覚が美しいものを見せたり聞かせたりすることによって、求める心が生まれ、感覚からの情報によりますます欲しくなっていくのですから。

まるで感覚そのものが、それに向かっているかのようですが、実は心があるからです。感覚には記憶などないのです。

ヒマラヤ秘教では、この感覚をコントロールすることを重要視しています。感覚そのものを浄化し、正しい感覚の機能にします。

また、外からの刺激が加わっても、感覚が働いても、その刺激に作用されない不動の心をつくることが進化です。

あるいは、感覚を閉じて働かせないことを選ぶ行者もいます。一定期間、人と会わないようにするとか、暗闇に暮らすとか、断食をするとか。また、一切口を利かない修行もあり、それをモウナ（沈黙）の行といいます。そのような修行をすることで、より深い心に気づき、感覚を浄（きよ）め、悟りを目指すのです。

もし、本当に感覚が失われて感覚がないとしたら大変なことになります。しかし、

感覚は与えられ、通常は正常に働き、自然に守られているようです。常にバランスをとることが大切です。

ところが、実際難聴になってしまったり、突然目が見えなくなってしまったりすることもありえます。あるいは、鼻が過敏になってアレルギー症状を起こすかもしれません。

そのように、**何か一つでも感覚が機能しなくなると、人はそのありがたさに気づきます。いかに恵まれた数々の機能が与えられているかを理解することになるのです。**

心とはなんなのかを知りましょう

もっと心を進化させ、幸せになっていくためには、心とはなんなのかを知り、コントロールできる人になっていくとよいでしょう。

心はたしかに素晴らしいものです。人間は感覚に加えて、心を発達させてきました。

そうして心の行動は、どんどんクリエイティブに豊かになっていったのです。

　立って歩く人間は、手を自由に使うことで、頭脳が発達してきました。その一方で、逃げる、走るといった身体能力や、特別な感覚の能力が、他の動物より劣っていったということはあるでしょうが、それを補うために心が発達し、頭脳はさらに発達したともいえます。

　二足歩行により、手が自由に使えるようになった人間は、手で物を掴み、さらには自分の思った通りのものをつくることができるようになりました。つくりすぎて余ると、他の便利なものと交換することを覚え、それを通して他の人との交流も活発になっていったのです。

　人間の手は、さながら欲望の象徴のようです。よく発達し、器用さを増し、それが脳により刺激を与えることになり、頭脳はさらに考えたり、記憶したり、比較したりと、より幸せになるために物と知識を集めました。

　頭脳と心の進化は、こうしてコミュニケーション能力を発達させ、そのツールとしての言葉も発達していきました。それによってさらに、さまざまな学問が発達し、良いものが欲しいという願いから、素晴らしくクリエイティブな神のような力すら得た

のです。

人間は幸せに生きるために、手を使って衣食住を豊かにするものをつくりだしてきました。そして危険を回避し、生命力を豊かに成長させていくために、心を発達させてきたといえるでしょう。

生きていくなかでさまざまな体験を通して、感動がその心に記憶されていきます。思考する心、記憶する心、思い出す心、想像する心、思い込む心、クリエイティブな心、集中する心、忘れる心、愛する心、意識する心、決断する心など、心にはさまざまな発達があるのです。

欲望が満たされると嬉(うれ)しかったり、満たされないと悲しかったり、寂しかったり、怒ったりといった感情の、いわゆる喜怒哀楽の心もそうして発達してきました。

心の働きは、常に自らの命をつなげようとしています。そこに何か不足があると感情がサインとして働きだし、何らかのバランスをとるために、心と体が行動をとるのです。あきらめたり、進んだり、止まったりと、命をつなげるためのバランスをとっていきます。その行動はすべて過去に学んでおり、過去の記憶から発生しています。

心は感覚がスイッチを入れることにより、自動的に働きます。欲望が心のスイッチを入れることもありますし、好きとか嫌いで心のスイッチが入ることもあります。**心の働きを注意深く見ると、自分にとって一番守りになるものを選んでいることがわかります。**

例えば、悲しみが選択されたときには、実はエゴが悲しみを望んでいるのです。

さらに言いますと、泣くということも、神が与えたものであり必要なことです。泣くことによって何かを知らせていたり、さらに、人間は苦しみを和らげたり、悲しい気持ちを解きほぐしたりするからです。泣くことも、必要があって行っているケースが多いのです。

心を制御できず、苦しみの中にいるのが人間です

物をつくりだし、便利なものがいっぱいになる一方で、人間の心はどのように進化

したのでしょうか。その進化は、気の遠くなるほど時間がかかる進化であり、遅々として進まないように見えます。

人間は計り知れない回数の生まれ変わりを経て、進化していくといわれています。しかし、生きることが進化といわれても、人生は苦しみばかりで、生きることはなんと辛（つら）いことかと感じている人も多いことでしょう。

幸せを求めて超スピードで発達し、物に恵まれて便利になった現代社会、そこには本当の幸せがあるのでしょうか。競争社会で時間に追われ、神経を使い、心を使いすぎて、病に倒れる人も多く出てきました。鬱（うつ）という病気であったり、がんという病気であったり……。豊かすぎることで、糖尿病という病気もずいぶん広まっています。

心が発達すればするほど神から遠くなり、神の意思によって与えられたものではない、エゴによっての自己防衛が過剰になって、逆に危なくなってきているのです。人間は進化してきたはずなのですが、エゴによって、退行しているようにも見えます。

バランスが崩れているのは、人間の心身だけではありません。人間の営みによって自然そのものもバランスが崩れ、それが広がっていくいっぽうです。地震や津波、火山の噴火がひんぱんに起こり、突如の大雨（ゲリラ豪雨）、季節外れの雹（ひょう）や、暑すぎ

たり、逆に寒すぎたりなど、異常気象もよく起こるようになりました。

人間は物の豊かさを得た半面、抱える苦しみや不安などもどんどん大きくなっているのではないでしょうか。だからこそ、私たちはいったいなんのために生まれてきたのか、そのことをしっかり理解しなければならないのです。

すべてを征服するかに見えるこの世の中の進歩。しかし、他方では自分の心を制御できず、苦しみの中にいるのが人間なのです。

人は、いろいろまわりのことを知っていても、自分自身については知らないのです。生きた人間の中に何があるのか、あなたの内側に何があるのか、それがわからないのです。

だから、あなた自身を知ることが、何よりも大切です。それこそが、真に自分の内側を満たすことになるからです。

自分の内側を本当に豊かに、智慧を溢（あふ）れさせ、愛を溢れさせ、平和にしましょう。

人は外ばかりを見て、外側を満たそうとしています。そのようなことをしていたのでは、本当に自分が満ちた存在にはなりません。

自分について知っていくことにより、自分が満ち始めるのです。いまだよく知らない自分を知っていくこと、さらには、本当の自分を知っていくのが悟りへの道です。

ヒマラヤ聖者はあなたにそれを紹介し、本当に進化する生き方を示しているのです。

「くっつく性質」の度が過ぎると執着になります

好きどうしは引き合い、嫌いどうしは引き合わない。これで混乱が起きないかに見えますが、果たして本当にそれでバランスがとれるのでしょうか。

人間は心を発達させてきました。そして、その力は増大してクリエイティブになり、ほとんど何でもつくれるようになりました。そのことにより、人間は自分の外側に実にさまざまなものをいっぱいくっつけて、豊かさを謳歌（おうか）しています。それは物質の豊かさ、心の豊かさです。

しかし、だからといって、調和をつくりあげることができたわけではありません。

調和をつくりたいというのも、欲望であり、その思いは行為となります。行為は体験として心の深くに刻まれ、記憶されます。記憶はまたなんらかの欲望になり、どれがいいのかと選択をし、心を使います。あるいは、思いの対象を引き寄せていきます。

それが、心の働く姿なのです。

何か美しいもの、気持ちが良いものを見たとき、目の感覚はそれをもっと見たい、欲しいと思います。そして、それを再び求めようとします。その感覚と結びついて、もっとくっつけようとします。

これは、好きという感覚でありイエスです。オーケーということです。

また、あるものを見て、それとはまったく逆に、嫌いという思いが湧き上がることがあります。受け入れることができないため、それを排除します。その感覚はノーです。

このようにセンサーである感覚は、即座に選ぶか排除するかを選択します。そして、さらにエスカレートしていきます。好きな感覚は、さらに「もっと欲しい、もっと欲

しい」と求めます。その求めるものを、さらにくっつけようとします。

それは、イエスのスイッチが入るからですが、そこに働くのは心です。つまりは欲望です。それが異常にくっつけていく、執着の性質です。

執着は、「気持ちが良い」という心と同じものが、多くなりすぎることによって起きる現象なのです。


一方、心の欲求するものと反対の感覚があったときには、ノーのスイッチが入ります。自分を傷つけるもの、役に立たないものなどがそれらであり、「排除」ということになります。

これら「心の欲求の感覚」のイエスも、「心の嫌悪の感覚」のノーも、健全な動機であればなんの問題もありません。役に立つ情報、心地よい情報を識別し、その情報をしっかりと活かして、危険を回避し、人として進歩と進化を続けているということだからです。

ところが、「好きな感覚」も「嫌いな感覚」も過剰に作用し始めると、思い込みによるこだわりになり、執着となっていきます。それは自然で健全な進歩と進化ではあ

りません。

その原因はなんでしょうか。そのように、心の選択を決定させているものはなんでしょうか。

それは、その人の過去の経験からの選択の結果なのです。それが、カルマと呼ばれているものなのです。

潜在意識をコントロールできるようになるのが幸せの秘訣です

心の働きは、通常、四六時中行われています。それが心の性質だからです。心は常に幸福を求め、気持ち良さを求め続けています。その人の興味のあるもの、情報を捉え、常に何かをつかまえようともしています。

瞑想(めいそう)をしていくと、それらの心の動きがよく見えてきます。

もし何か気にかかることがあると、その思いがずっとくっつき続けて、離れないこ

とがあります。心配で、こうなったらどうしようとか、こうしたほうがいいとか先走りしますが、それは心が「今、ここに」いないからなのです。

あれこれと思いが巡るとき、リアルな想像をして、映像や音など体の感覚に訴えかけてくるかもしれません。そして、現実でないことに想像が及んでいきます。嬉しかったこと、悔しかったことなど、強く記憶に残っていることを思い出すかもしれません。

感覚から入った情報は、心に伝えられ、その情報によって、心が使う回路も違ってきます。そして、心のさまざまなレベルの働きが総動員されていきます。想像する心、考える心、記憶する心、判断する心、決意する心、意識する心、それに伴う感情など。その人のキャラクターによって、心の働きが違います。

そういうときの心は、見えている、意識している心と、見えないところで働いている心とに分類できます。

見えている、目覚めて働いている意識、その心を顕在意識と言います。

一方、深いところに潜んだ心があります。さまざまな体験を過去からずっと記憶し

ている潜在意識です。

潜在意識の心は見えません。そして、その中にはなんにも意識していない無意識もあります。さらにそのもっと深いところ、潜在意識を超えたところにも心があります。それが、超意識です。

潜在意識には、過去のさまざまな体験が記憶されており、学んだ知識も記憶されています。これは私たちの今の行為に深く関わっています。それによって運命が決定されるのです。ここを知り、コントロールできるようになることが進化です。

潜在意識、無意識、超意識、この三つの形態があって、さまざまな心の状態が出現しているのです。それを基盤にして、心は幸せを求め、働いています。

さらに、それらを超えたところには、心の働きを知っている存在があります。心の働きを見ている存在です。それが純粋意識です。

しかし、大概の人はいまだ意識が覚醒されず、無意識に心の働きが行われています。それがエゴを増大させて、無理解と混乱を起こし、おごりや苦しみを引き起こしています。

この心を知って、意識を覚醒させ、潜在意識を浄化していくことで、自己をコント

ロールできるようになるのが、幸せになる秘訣です。

それはサマディへの道、悟りへの道でもあります。意識を進化させ、心身を自由自在にコントロールでき、豊かな人になって幸せになるための道です。

心の浄化と進化が必要なのです

誰もが幸せになりたい、心が美しくありたいと、頑張って生きています。しかし、その動きは遅々として進まないように思われます。

なぜなら、すでにプログラミングされていて、運命が決められ、人生のドラマが展開していくからです。心は、自分の思いで動いているように見えますが、本当にコントロールできているのでしょうか。

心はあくなき欲望に動かされ、欲しいと思ったら、まるでエサを求めるように、次から次へ取り込み、食べ続け、働き続けるかのように見えます。心の欲望は止まるこ

とはないようにも見えます。

どこまでも欲望をふくらませ、どんどんくっつけていくというのでしょうか。そして、その回路を使い続けて敏感になった心は、さながら磁石のような「くっつく性質」を持っているかのようです。


「因縁の法則」という言葉があります。

すべてには原因があり、それによって引き出される結果は、それと関連したもの、そのクオリティを引き継ぐものです。その流れは連綿と続いていきます。

ここで注意しなければならないことは、否定的な思いから生まれた結果は、また否定的な思いにつながり、それは連綿と続いていくということです。

思いを切り替えて、さっきとは違うことに集中したとしても、前の思いとその記憶は残存しており、終わってはいません。一度離れ、表面的に忘れていることはあっても、何かそれを刺激する同じ波動の対象が現れ、再び刺激が加わると、その記憶が活性化します。そして、その思いが引き出されるのです。

思いのエネルギーが、それと同じエネルギーの事柄を引き寄せ、くっつけ、作動し

続けていきます。つまり同じ質の波動がリンクするのです。

心の奥には、さまざまなくっつける因子のある、執着の種が潜んでいます。ですから、心の浄化と進化が、あなたを本当に守り、成長させていくために、必要なのです。

同じ経験をしてもカルマにより「反応」や「痕跡」が違います

恋人に裏切られたという経験をすると、すべての男性、すべての女性が恋愛に慎重になるかといえば、そうではありません。すべての男性が「女性不信」、すべての女性が「男性不信」になるわけでもありません。

テレビ番組のインタビューで、道ゆく人にある事柄に対して「どう思いますか？」とマイクを向けます。そのとき、人はそれぞれに感じたことを答えますが、人によりかなり違っています。

まったく同じものを見ても、その受け取り方、感じ方、感想は人それぞれに違います。それは、見たものがなんであるかより、受け取る側がどのような人であるかによって、変わってくるものです。

感覚のレベルで何かが異常に働いているケースもありますし、心のレベルでの記憶によっても大きく違ってきます。記憶の元になっている体験を否定的に記憶しているか、肯定的に記憶しているかによっても、大きく違ってきます。

正しい心で見ているかというとそうでもなく、人それぞれの価値観によって違います。その人が好きであったり、執着していたり、嫌いであったり、無関心であるかによって、大きく違ってしまうのです。

一般に何かを体験したときも、感じ方は人によって違います。苦しみとして感じる人、学びとして感じる人、良いと感じる人など、実にさまざまです。

誰かに意見されたときも、それを感謝して受け取る人もいれば、その途端に落ち込んでしまう人もいます。同じ経験をしても、それが人に及ぼす「痕跡」は違うのです。

なぜ、こうしたことが起きるのでしょうか。

人の行為の経験は、すべてその人の心身に記憶されています。それをカルマと呼んでいます。

このカルマが、次の行為の原因になるのです。似たようなことが続けざまに起きるのは、そのためなのです。

とても良い体験だと、また体験したいという強い思いが、執着となって潜在意識に記憶されます。欲しいものを手に入れたときも、もっといいものが欲しいという執着になります。

一方、何かの理由で成し遂げられなかった無念の思いも執着になります。

例えば、嫌な体験をしたとき、それはストレスとなり、エネルギーに「嫌悪」の色がつき、ブロックされます。このとき、心身は緊張し、内臓の働きが弱くなることもあります。お腹が痛くなったり、吐いたりしてしまうのはそのためです。

エネルギーがブロックされたわけですから、たいして何もしていないのに、ぐったりするというようなこともあります。やろうと思っていたことがスムーズにできなくなることもあるでしょう。

お腹が痛くなったり、吐いたり、ぐったりしてしまうというのは心身の否定的なり

アクションですが、それもまたストレスとなり、カルマとなって記憶され、同じようなことが繰り返される原因になるのです。

心身がそのような状態になったときには、具合の悪い気分をそのまま人にぶつけたりするかもしれません。誰かを憎んで許せなかったり、競争相手が気になっていたりすることもあります。

仕事のことを異常に心配したりするのも、このようなときです。まわりの人の目を異常に気にするようになる、という人もいます。

そのような心身の状態が、カルマによって引き起こされてしまうのです。

カルマが「くっつく性質」を発生させています

心の性質をさらに見ていきましょう。

心は、エゴからきた自己防衛としても働くので、真理からの正しいものを選択して

いるわけではありません。もっとも本人としては、エゴのレベルから正しいと信じて選択しているわけですが、もともと思い込みによって見える範囲が狭くなったうえでの選択です。自己防衛であり、本人の目から見た正しさであり、本人の価値観からのものです。

それに、自分を守るための無意識の思いが選択を限定させているわけですし、嫌いという心の思いも選択を限定させています。親や社会の教育や学校での教育、さらに、自分が傷ついたことでの否定が前提になっているケースもあります。

それらが執着となったのであり、「くっつく性質」はその人の無意識のこだわりが原因になっているのです。

これまで見てきた執着や「くっつく性質」は、人間がつくるカルマから来ています。宇宙が壮大なバランスでできていく、その壮大な「引き合う性質」も、「くっつく性質」と似ているといえるかもしれませんが、それと心の「くっつく性質」とは、その意味するところはまったく反対のことで大きく違います。宇宙のものは自然から生まれ、バランスのために、与えるために発生していますが、人間の執着となった「くっつく性質」は、個人の欲望、エゴから発生するものです。

ですから、表面的に見て似ているところはありますが、人の欲望の産物である、心の「くっつく性質」は神の思いではなく、エゴの思いからであるというところが、決定的に違うのです。

問題は、その違いを多くの人が気づいていないことです。そして、それは見えない部分のからくりであり、それを改善する方法は、誰にもわからないのです。そのことが問題を大きくしています。戦後、心理学などが心の分析をし始めましたが、それを根本から変える手立てとはなっていません。表面からではわからないわけです。しかし、ヒマラヤ聖者は五千年以上前から意識のコントロールのすべてを知っているのです。

神は、本当に強く私たちを創ってくださっています。どんな状況にも適応してバランスがとれるようにしてくれています。エネルギーを注ぎ込み、生かそうとしてくれています。

大事なことは、**人生のハンドルさばきは、すべて自分の心によって行われているということです。つまり、無知とエゴによって展開していくことが、今現在、さらに将来の大きな苦しみにつながってしまいます。**そのことに、まず気づいてください。

ヒマラヤ聖者は、修行によってそのカルマを浄めることを知っています。神の意思のような強い力を得ることができます。それは「サンカルパ」という、強力で純粋な、神のレベルからの意志の力なのです。

あなたも、心を浄め、カルマを変え、運命を変えられるのです。そして、そうした神聖さを目覚めさせ、サンカルパさえ開発できる可能性があるのです。

第二章　魂の存在に気づく

カルマから自由になる道があります

カルマとは行為のことです。広義の意味では行為をして、その記憶を含めてカルマといいます。人が、感覚や心で引き寄せていくもの、くっつけていく傾向は、カルマによって繰り返されています。

カルマがあるからこそ、欲望が働きだします。

人の行為は、欲望によって突き動かされています。それは、神の命令からくるものばかりではありません。つまり深い智慧からくるのではなく、カルマの仕業なのです。

人は、カルマによって次から次へと欲望をふくらませ、翻弄され続け、行為をし、生きていくことになります。さまざまな願いを叶(かな)えながら、生き続けていくのです。

その一方で、人生は願いが叶わず、無知な思いや感情に振り回されての我慢の人生

でもあるのです。

こうした、エゴを肥大させたり、悪いことばかり起きてしまったりする人生のやり直しは、できるのでしょうか？

真の成長をはかる人生を進んでいけるのでしょうか？

しかし、自分の内側は本来、変えることができません。つまり、運命は変えられないのです。あなたが生まれたときに授かった運命を背負って、生涯、生きていかなければならないわけです。あなたが持っているものは、家でも車でも買い替えることができます。しかし、自分の心と体は、調子が悪いからといって買い替えることができません。

では、いったいどうしたら、自分の心身を買い替えずに幸せになれるのでしょうか。

ここに、人が真に幸せになれる、ありがたいヒントがあります。ヒマラヤ秘教からの朗報です。ヒマラヤ秘教によって、カルマを変えることができるのです。あなた自身が良いカルマを積むことにより、カルマを変え、運命を変えられます。それはヒマ

ラヤの恩恵の悟りへの道にあるのです。

ヒマラヤ秘教の教えや修行、瞑想で最も大切なのは、高次元の波動の祝福によりカルマを溶かして変容できることです。それは、人間としての進化にほかなりません。

そのようにしなければ、あなたのカルマに翻弄される旅は、ずっと続きます。この世での生涯が、カルマに翻弄される終わりのない旅になり、エネルギーを消耗するのみで終わってしまうのです。

そのなかでも、欲望のカルマによる心の満足はあるでしょう。しかし、それは物質的なもの、一時的なものです。その一時的な心の満足を、ずっと続く幸せだと錯覚し、それを求め続けて生きています。

その生き方は、もちろん神の意思に従った生き方ではありません。

神が人間を創った当初は、人間は神の愛によって行為をしていました。神に守られ、神の思いと人間の思いは一致していたのです。

しかし、その後にカルマの欲望に支配されるようになります。人間は、神の願いで

はなく、カルマの願いで生き続けていくことになったのです。

それは、苦しみであるとともに、実は救いでもあります。

その意味を発見したのが、ヒマラヤ聖者です。カルマとはいったい何なのか、そのカルマを自由自在に操り、それを超え、カルマから自由になることのできる道がありました。

カルマは常にさまざまなものを引き寄せ、くっつけてバランスをとろうとしています。

ここでの学びは、いかに私たちは、すでにいろいろなものをくっつけ、これからもくっつけようとしているかです。そして、それにどう対応して、素晴らしい人になっていくかです。

くっついている状況がカルマであり、くっつき、執着になっている状況がカルマなのです。それを、どうすれば変えられるのか。

そのように考えて、探求し、ついに苦しみから解放させる道を発見したのが、ヒマラヤ聖者なのです。

何もくっついていない状態こそが楽なのです

怒り、憎しみ、嫉妬など、ネガティブな感情について考えてみましょう。

どんなときに、そういう気持ちが湧き上がるのでしょう。自分の願いを相手が聞いてくれない、相手が理解してくれない、受け入れてくれないといったときもそうです。それは、わかってほしいという執着の欲望です。相手に愛を求める執着です。相手の愛を引き寄せたいのです。

そうしたとき、自分のこだわりや、相手に期待する願いが叶わず、心地よくない心が湧き上がってきます。摩擦や抵抗なども感じます。そして、ついにはわかってくれないと感じ、それが怒りのエネルギーになるのです。憎しみ、嫉妬を感じるかもしれません。さらには、虚(むな)しさや悲しみに変わっていくこともあります。

願いが叶わないときに、すっとあきらめればいいのですが、執着があり、それが満

たされないときには、ジレンマの感情が湧き上がります。そして、自己防衛から怒りのエネルギーになります。怒ることで感情を爆発させ発散します。

しかし、その人のエネルギーは消耗して、やがてストレスとなるのです。

また他の人と比べて、相手が何かを持っていて、自分に何か不足があると感じると、嫉妬や憎しみのエネルギーになるかもしれません。

このように、怒り、憎しみ、嫉妬などのエネルギーが発生することによって、苦しみが引き起こされていくのです。こうした無知な思いや感情は、欲望とセットになって、苦しみをつくりだしていきます。


誰もが、心に今までの体験や信条による価値観があります。それにこだわりや執着があります。その考えを実現させたいとか、相手がそうなってほしいと願います。あるいはその願いを成功させることで、その対象を手に入れたい、くっつけたいという思いが生じます。しかし、その欲望が叶わないと、嫌ったり、イライラしたり、悲しんだり、傷ついたり、怒ったり、嫉妬したり、憎んだりと、苦しみを生み出していくことになります。

興味のあるものに執着するのはオーケーであり、引き寄せたくなったり、くっつけたくなったりするものです。しかし、向こう側に気に入られても、こちらが嫌悪して、抵抗することもありますし、あるいは、こちらが気に入っても、向こうに抵抗されることもあるでしょう。抵抗されると不調和になり、摩擦が生じ、否定的な心が生まれます。

これらは、反発の関係になり、心地よくなくストレスになるのです。

また、気に入ったからといって、さらに執着を持ち、くっつく対象を追い求めていくのは、あまりに安らぎがなく、落ち着かない姿です。あるいは執着したものに依存した姿であり、エゴが肥大し、マインド（心）が強くなり、まったく平安がありません。

逆に、相手から執着され、依存されるのも、重苦しく、束縛される感覚になるでしょう。

どちらも、エネルギーが引っぱられ、偏った落ち着かない状況といえます。

そのうえ、一時的に自分が引き寄せ、くっつけようとしても、すぐに飽きて、違うものに関心がいくということもあります。ただし、対象が変わっても、執着してくっ

つけようとする心は、依然そこにあるといえるのです。それがストレスになります。

本来、何もくっついていない、シンプルな状態こそが楽なのです。

ありとあらゆるところに「神の力」がある

私たちを生かしてくださっている生命エネルギーは、根源の力です。それを、私たちは「すべてを創造する神の力」と呼んでいます。

神様というと「人間の外にある崇高な存在」を思い浮かべがちですが、私たちが「神の力」と呼んでいるものは、そこにだけあるのではありません。

あなたのまわりのありとあらゆるところにあります。そして、あなたの中にこそ、それがあるのです。

人が生きよう生きようとすると、そこに生命エネルギーが働き、ドラマが展開され

ます。しかし、必ずしもスムーズにはいきません。

人間には心があって、そこに神の力が働いています。しかし、心はそれを知らず、自分が人生をハンドリングしていると思っています。

「すべてを創造する神の力」は、人間をはじめとするすべての生物、すべての生命、すべての物質に働きかけています。

私たちが、肺呼吸をするのも、植物が呼吸や光合成をするのも、創造の源の力によってなのです。

例えば、私たちが手で目の前のティーカップを持ち上げるとき、持ち上げるという欲望で手の筋肉が働いて持ち上げていると考えます。しかし、それをより詳しく見ると、「筋肉を使って持ち上げている」ということですが、生命エネルギーがないと、筋肉があってもティーカップを動かすことはできません。

オリンピックに出場する重量挙げの選手は、筋繊維が太くて、ものすごい筋肉があります。しかし、その重量挙げの選手が死んでしまえば、いくらものすごい筋肉がそこにあっても、ティーカップすら動かすことはできないのです。

その「神の力」は、私たち人間の中にあるのです。

人のせいにしないことです

人は、自分が今、何を思っているのか、自分の内側の心が見えないときが多いのです。そして、無意識のうちに行為をしています。

何かを見たり、聞いたり、外からの情報の刺激が感覚を通して入ってくると、それに対して自動的にリアクションをしています。何を考え、どうリアクションをするのか。それらのことがとても素早い速度で自動的に行われているので、自分では把握することができないのです。

その時々でそれが快感であったり、嫌な感覚であったりするでしょう。気持ちの良い感覚ならば追い求め続けるでしょう。

これは無意識のリアクションと選択です。そのことに気づくことは、あまりありません。なぜなら、その感覚と心とが一体化しているからです。

しかし、それが得られなくなると、苦しくなります。そして、それを追い求めていたのだと初めて気づきます。そして、相手を恨んだり怒ったりするかもしれません。それが、果たしてどれほど必要なものであるのか、気づくことが大切です。

嫌な感覚であるなら、そこから逃げないで「なぜ気持ちが悪いのか」と気づくのが、一歩前進なのです。


人は普段、自分を守るためにリアクションをしています。その結果、楽なことを選択しています。


苦しい現実があるときのほとんどの場合、自分に対して嫌なことが外からやってくると思ってしまっています。

そして、「どうして私は不幸なのだろう」「あの人が悪い」「あの人が責めている」「あの人が悪く言っている」、また「社会が悪い」「親が悪い」「環境が悪い」など、すべてまわりが悪いのだという考え方をして、自分を見ることをせず、人のせい、外のせいにしています。

しかも、それが正しいと思ってやっています。それが、自己を防衛して、楽になる

方法だからです。

そして、嘆きます。いつまでたっても自分が何を選択しているのかわかろうとしません。無意識に「外が悪い」と常に否定を選択します。それが、楽だからです。人や環境のせいにしていれば、とても楽なのです。

しかし、それでは変わることはありません。自分の力で他の人の心や環境を変えることはできないからです。

これらのことは、自分で深く気づかない限り、本当の意味で自分が変わることはありません。

すべては自業自得、自分の責任です

うまくいかないことを、他の人や社会のせいにしても、現実は変わりません。

しかし、外側のせいにすることで、そのときだけは自分を助けることができます。

だから、あえてそのように思うわけです。

うまくいかなくなった原因を引っ張り出したのは、自分です。失敗の原因が勝手にやってきたのではなく、自分が呼び込んだのです。極端に言いますと、すべては自業自得であり、自分の責任なのです。

自信がないので前に出ることができない。逃げてばかりいる。すぐに嫌だ、できないと思ってしまう。

そのような人は、自分を責めたり、嫌っていたりもします。他人も嫌いになるのですが、その前に自分が嫌いなのです。だから、他人を嫌悪し、他人からも扱いづらい人ということで嫌われてしまいます。

自分のできないことから逃げ、自分からさえ逃げているともいえます。

あなたの行為が良いものであれば、結果も良いものになるというカルマの法則があります。

あなたの発する言葉が良いものであれば、結果も良いものになります。あなたの思いが良いものであれば、結果も良いものになります。

良いものとは、エゴがなく、純粋な思いから生まれたものです。

しかし、行為のほとんどが自己防衛で、エゴからの欲望でくっつけたものです。鎧(よろい)をまとっての思いからの行為なので、いらないものを呼び込んでいくことになります。そうして、いらないものが集まり、それが混乱のもとになっています。

こうしたことに気づくには、長い自己の気づきの旅が必要になってくるのです。

ポジティブシンキングの落とし穴

もっと成功するために、また苦しい生き方を改善するために、ポジティブに考えましょうということで、ポジティブシンキングという考えが導入されてきました。

それは、もともと宗教にあった考え方です。堅苦しさがなく、手っ取り早い感じがします。しかし、テクニックや、言葉の羅列だけで行うのは、なにか内容がともなわない気がします。

それは成功哲学でもありますので、モダンな感じがし、いい方向に行くと思いがちです。しかし、内容がなく、自分に誠実でない気もします。

いずれにせよ、真理からのものであるかどうかを判断の基準に置いてください。これはポジティブシンキングだけではなく、すべてのことについていえることです。

私たちは、心が働いて常にエゴが自分を守っています。それが当たり前になっています。

例えば人や両親に心配させないように、できもしないのに、キャパシティ以上にできるふりをしたり、また、実は元気が出ないのに、大丈夫と自分に言い聞かせたりするかもしれません。

あるいは、少々無理をしてやさしくふるまったり、利口そうにふるまったりするかもしれません。そうして頑張って生きています。

もちろんそれで、次第に本当に深い部分の裏と表が一致していけば問題はありませんが、**あるマインドの部分で頑張って、他の部分がその心に無理に従っても、そのために鈍くしているものが悲鳴をあげることになるかもしれません。**

それは無理に装ったり、無理にそう言い聞かせたり、演じたりして、ある種のエゴを鍛え、後で疲弊をもたらすようなものではないでしょうか。

そして、そのことで、本当に幸せになれるかどうかも大切なポイントです。

ネガティブエネルギーをブロックしてしまうと、パワーが出ることはたしかです。しかし、自然な流れのなかで、ときにネガティブになることも、人間には必要です。そのときにこそ心の癒しがあります。見えない深い部分の癒しと気づきが必要なのです。

新しい宗教のほとんどは、ポジティブ信仰であるともいえます。

しかし、いつもポジティブだと、そのうちどこかでガクッとくると思いませんか。頑張り続けると、エネルギーを消耗してしまい、ドカッと落ち込んでしまうのです。それが、自然のバランスというものです。

それに、相手があるときに、やたらにポジティブなのは、自分だけの成功、自分だけの幸せを求めているのであり、それが長続きしないことは、まわりを見れば明らかでしょう。必ず、バランスを取り戻すどんでん返しがあるのです。相手の幸せを願い、調和をはかっていくなかに、人間的な成長があるのです。

潜在意識の強大な力の活用をすすめているものに、「自分への宣言」を行うアファメーションがあります。

アファメーションは、「私の病気は日々良くなっている」と宣言することで、潜在意識を変え、潜在意識の力で現実を変えていくというものです。これも潜在意識を意識的に使うことで、どんでん返しにあう可能性があり、真理からきているものではない、と私には見えます。

ポジティブとネガティブのバランスをとることです

多くの人は、自分の考えに囚(とら)われています。自分を守って生きています。その考えや価値観に影響されず、そこから自由を得ることが悟りへの道です。

自分の立場だけではなく、相手の立場もわかる人になっていくこと、それが果たされるべき成長です。

真理のレベルから、人を本当に進化させる方法を考えたとき、ポジティブとネガティブについてはバランスが大事だということです。

ネガティブは悪いことのようですが、そうではありません。大事なのはポジティブとのバランスであり、調和です。

待つことや、呼吸を整えるということも必要です。そのようなことをまったくせずに、いつもエネルギーをフルに出していると、まわりの空気が読めないということにもなりがちです。

見守るということ、安らぐということも必要です。

「得よう、得よう」ではなく、捨てることも必要なのです。

また、マインド（心）を使って、無理にポジティブにしていると、急に鬱になることもあります。一見、鬱は良くないことのようですが、そのようにして、マインドがバランスをとっているということなのです。

無理にポジティブにしているのは、自分のやりたいことを本当にやっているわけではない、ともいえます。

生命の源につながっていれば、そのようなことはありえません。

創造の源につながると安らぎがあります

ポジティブな価値観に踊らされていないかと、ときに自らを点検することも大切です。

マインドを使って、くっついた思いや執着でやっていると、魂が浄められることはなく、カルマを積むことになります。

真の成長は、気づきを持って生きていくことによりもたらされます。それがヒマラヤ秘教の教えです。

外のものばかり追わずに、自分の内側に目を向けていきます。自分の内側に何があるのかを知って、自分をコントロールできる人に進化していきます。

心を浄化して深いところからバランスをとり、それらを超えて無心になっていきま

す。さらに最も大切なこと、それは「あなたは誰なのか」を知るために、あなたの源につながっていくことです。

源のエネルギーのセンターは、最も力強く、静寂です。まるで台風の目のようです。台風になると、暴風雨圏はものすごい嵐となり、激しい雨が降って、破壊のエネルギーそのもののようになりますが、その中心である台風の目に入ると、そこは無風であり、晴れ渡っています。それと同じように、**創造の源は平和で、静寂でありながら、生命エネルギーに満ちています。**

そこにつながっていると、心を超えているので心が働きません。あるがままでいいのです。

何も必要とせず、すべてが満ちています。心に恐れがありません。無心です。何も引き寄せる因子がありません。そこに到達すれば、引き寄せる因子は溶けるのです。

到達していなくても、そこにつながることができれば、自己を守る何らかの思いや、感情や、欲望に振り回されなくなります。それを引き寄せることはありません。自己防衛の心に執着する必要がなくなってきます。

くっつき、執着する心を浄めきった、さらに奥に存在するもの、それはすべてを生

かしている存在、神です。神はそこらじゅうにいるのですが、見えない存在であり、それにつながるには架け橋が必要です。

架け橋となれるのは、そこを体験した悟りの存在であり、そのエネルギーを知り、そこの静寂とパワーを引き出してくれる存在です。

人は心に翻弄されて苦しんでいるのです

人は、源から現れた存在です。心があり、体があります。

感覚が発達したものが心です。感覚はアンテナの役割を担っていて、情報を引き寄せます。欲望の心で、それは働きだすのです。記憶と欲望、つまりカルマによって、さらにくっつけることに拍車がかかっていきます。

人は、心地よいものを求め、それを手に入れたときに、たしかに心地よいということが記憶されます。そうして、さらに強く、その心地よいものを求めるようになって

いきます。

逆に、危険があるものには素早く気づき、「嫌なもの」となります。そして排除したり、避けたりするようになるでしょう。

そのようにして、エゴの心は、気持ちの良いものを、どんどん求め、くっつけていきます。気持ちが良いといっても、それはその人の思い込み、こだわり、価値観によるものです。人にとって良くないものもあります。

問題は、感覚と心にとって気持ちが良いというのが、ほとんどが執着からくる、自己防衛の感覚の喜びと心の快感であり、一過性のものであるということです。それは変化していくものであり、そのゲームを続けることは、欲望の渦にまみれていくということです。

本質、真理からどんどん遠くなり、虚しくエゴを肥大させていくということです。

それらは、さらに執着をつくりだす余計なものであることが多いのです。

また、**心のこだわりの多くは、魂にとってはどうでもいいものです。**

しかし、心の渇きは、それを手に入れないと落ち着きません。

それは物心ついたころから、あるいは過去生からずっと行ってきた方法、心とともに

に長く生きてきて、そうせざるをえないわけです。

しかし、それは一時的な慰めであり、また何かを欲しくなったり、求めたりするのです。

どうでもいいものが、その人にとっては大切であり、そうしたものを異常に欲しがるのが、心の執着です。しかし、そのことが誰にもわからないのが人間の姿なのです。ときにはわかる人も出てきますが、欲望に翻弄され、わかってはいるけれどもやめられないのが今の大半の人の姿です。

心でなく、魂が真理を知っているのです

心と感覚にとって気持ちの良いものは、「エゴの心」によるものです。魂の本当の願いとは違います。

それに、それらは一過性のものです。感覚の喜びであったり、心の満足であったり、

自分をよく見せるためのものであったりします。

すぐ飽きるものであり、永遠のものではありません。そうした見えるものをかき集め、また飽きて、どんどん不要なものが増え、エゴの塊をつくっていきます。

心で頑張って、いろいろくっつけると、最初は良くても、やがて何かがしっくりこなくなります。

しかし、自覚症状があっても、自分のこだわりなどが原因とは思わず、社会やまわりの人や状況のせいにしてしまうのです。そうなると、人間関係がうまくいかなくなるでしょう。

また、自分との折り合いもつきません。どうしていいかわからないからです。

運よく気づくことができ、その執着やくっついているもの、心の思いを手放したいと思っても、離れなかったりして、苦しいのです。

エネルギーをどんどん消耗していきます。もちろん、それにも気づきません。ただ疲れるといった感じでしょうか。それは、その心のからくりがわからないからです。

そして、見えるところだけでさまざまなことを試して、さらにさまざまなものをくっつけようとしてしまいます。それはおごりであったり、治療法であったり、息抜き

であったりします。

しかし、このときこそが、成長のチャンスなのです。自分の内側のメカニズムに気づいていきましょう。自分の心に気づいていきましょう。それが成長です。

そのことを、あなたの奥深くにある魂は、実はすべて知っているのです。

「人の不幸の上に、幸せを築いてはならない」という言葉があります。人の不幸の上に幸せを築くと、心は満足しますが、魂は間違ったことをしていることを知っています。創造の源から切り離された、心の働きのみの幸せは、やがて苦しみを呼ぶことも、あなたの魂は知っています。

その間にも、心は働き続け、真理からどんどん遠ざかり、安らぐことがありません。

自分のなかに、宇宙のすべてのものがあるのです

自然は、限りなく創造を続けています。人間の命は誕生してから終わりを迎えても、また縁あるところに生まれて、命は続いていきます。

人間は心が発達したので、他の生き物とはずいぶん違っています。欲望があり執着があり、その願いにより、さまざまなものを引き寄せ、くっつけていきます。

その願いは、おもに自己防衛によるものなので、全体が調和して満足することもありません。

それにもかかわらず、エゴの欲望を満足させていく旅は続きます。それは終わりのない旅であり、本当のことをいうと、消耗するだけの旅です。

そのときはバランスがとれていても、裏と表と二つの心があるので、その先にあるのは、苦しみです。良い心であっても表面的なものであるので、やがてバランスを失い、苦しみを呼び寄せるのです。

進化した人間の心は、クリエイティブな素晴らしいものをつくり、便利なもの、快適なものを、次々とつくりだしました。

しかし、人間の心と体は一応それに満足しても、心の深いところは何かが満たされ

ません。満足してもつかの間、さらに満足を求め、永遠にくっつけようと働き続けていくのです。

わかっていても、その欲望の動きを制御することはできません。自動的にスイッチが入って、動いてしまうのです。使う回路ばかりができて、元いたところである安らぎのステージに戻ることができません。

心の欲するままに、さまざまなものを引き寄せ、くっつけ、増殖していくことは自然ではあります。体を成長させるには食べなければなりませんし、敵から命を守るためにはさまざまな力を蓄えなければなりません。

しかし、それが過度な執着になり、必要以上に溜（た）め込んだり、繰り返し望んだりすることは、明らかに行きすぎなのです。

心の欲するままにくっつけることが、果たして幸せにつながるでしょうか。

ヒマラヤ聖者は、瞑想を通して真理に出会い、その答えを得ました。心を未来や過去のこだわりを基準にすえて進むのではなく、源に向かうため、そこからの智慧、愛をくみだし、平和をもとに進むのです。

それは、真理につながり、真理を体験する、神に出会うための道です。宇宙的な愛を育みながら自分の本当の源、宇宙が生まれる根源に達していくことです。あるがままに受け入れ、今にあり、気づくのです。自分のなかに、宇宙のすべてのものがあるのです。

ヒマラヤ秘教の教えと実践で心と体を浄化して、いらないものを落としバランスをとること、それは深いリラックスへと導き、再生する行為です。思いが過去にも未来にもいかない、今にある状態が出現し、いらないもの、もととの自分でないものは、自然に落ちていきます。そうやって、心の執着は落ちていくのです。

心と共に生きてきて、心は私だと思っている人が多く、みんな本当の自分を知りません。

そうである限りは、放っておくと、エゴの好みでいろいろな思いをくっつけ、それがまたいろいろなものを引き寄せ、さらにくっつけていきます。欲望でくっつけ、自己防衛でくっつけ、そのレベルでのバランスをとろうとしてしまいます。

そして、またその執着した価値観、思い込みの視点で、純粋な目でなく、つまり、心の色眼鏡を通して呼び込んだものを見ることになります。また、くっつけたものと自分が同化していき、よりそれに執着して、しがみついていくことになります。

潜在意識の源に「神の力」があるのです

自分の源にいったい何があるのか。宇宙はいったいどうなっているのか。なぜ生まれてきたのか。体はなんなのか。心はなんなのか。

そのようなことを、ヒマラヤ聖者は修行で探究していきました。星を見たり、太陽を見たり、月を見たり、サマディで宇宙に行ったり、ワンネス（神と一体の状態）となり全体から見たりして考察しました。

そしてマクロの世界から、サマディに没入して、ミクロの世界を考察し、究極の悟りを得ました。

人の呼吸はどのようになっているのか、性質や気質はどうやって形成されるのか、機能的にはどうなっているのかなど、人間のこの小宇宙のシステムをすべて考察し、体験的に悟ったのです。

外側のものは、この肉体の中の小宇宙にすべてあると気づき、さらなる考察を深めていきました。自分を対象とし、自己を見つめ、修行を通して自分の源へと遡っていきました。

そうして、ついに気づきました。

この世は見えるものだけでできているわけではない。目に見えないけれども、大きな力というものがある。そのことは、近代になって心理学の分野でもわかってきました。それが「超意識」であり、「潜在意識」です。

ヒマラヤ聖者は、その潜在意識すらも源ではなく、それを浄化して、さらにそれを超え、潜在意識の源に「神の力」があることを悟ったのです。究極のサマディの修行によって、神と一体となり、その「神の力」を得たのです。

そして、**潜在意識の源からの力によって、自分の人生をコントロールできるように**

なったのです。それは、すべてが神のように思いのままになる、「願えば叶う」ということです。自分で自分の人生を自在にコントロールできるということです。

潜在意識には、過去生からの体験の記憶がすべて記憶され、それは宇宙空間にも記憶されています。今のその人の行為を支配しています。見えない潜在意識に支配され、運命が決められているのが、普通の生き方なのです。

心を浄化すれば見えない力が現れます

ヒマラヤ聖者は純粋であるので、くっつけるものはなんにもありません。ヒマラヤ自体が、人工的なくっつけるものはなんにもないのですから。

物に依存せず、人に依存しないのです。神と一体です。

ヒマラヤ聖者は、心を空っぽにして、心を使いません。神の目で見ます。宇宙的愛で見ます。智慧で見ます。そうなるため修行をし、深い瞑想を行い、カルマを浄化し

て、すべてを外したのです。

ヒマラヤ聖者は、すべてから自由になる道、神と一体になる道、神そのものになる道を発見したのです。

真理につながって、本質とともにあって、満ちることができます。根源につながり、自由になっていくことを発見したのです。

それで、すべてのことが輝き始めます。苦しみではなく、愛に満ちます。無限の力が、働き、愛が働きます。

そうした力は、どこにあるのでしょうか？

それは、秘密の扉を開けることで、出会うことができます。それは、あなたを純粋に、パワフルにします。

それがヒマラヤ秘教です。

その力は、あなたの中に眠っています。潜在意識の奥深くに閉ざされて在ります。それは、宇宙の根源から溢れる力です。

それを自力で探求することは、まず不可能ですが、ヒマラヤ聖者は、そこに至る道

を示します。それは、サマディへの道、悟りへの道です。それを発見したのです。

この自分の体と心には、宇宙のすべてが凝縮されてあります。

ヒマラヤ聖者は、自分のなかに宇宙があることを知りました。自分の心を浄化すれば、そこに見えない力が現れることに気づいたのです。

欲望が成し遂げられても心は満足しません

何かが欲しいという欲望が達成されると、達成された欲望が落ちたり、外れたりします。しかし、欲望そのものは残り続けます。

その残り続けている欲望が、何かの刺激を受けるとまた鎌首をもたげて、欲することを成し遂げようとしていきます。そして、その思いに沿った何かを探し、くっつけようとします。

そのように、欲望を成し遂げる行為が、果てしなく繰り返されます。

欲望とはなんでしょうか。それは、人が生きるために、最初に与えられた心の力です。自然の力です。成長を展開していくために、神から与えられた自然の力です。

それは、食べるという食欲や、子孫をつくるための性欲、また体を回復させる基本の睡眠欲の三大欲望です。

しかし、人間は心が発達したので、体験のすべてを心に記憶するようになりました。そうして、その三大欲望を基本として、さらに欲望が発達していきました。

体験の記憶は、執着となり、もっと味わいたい、見たい、聞きたい、触れたいと、感覚の欲望に翻弄されます。体験が鮮明に記憶されると、さらなる体験を求め、それが繰り返されていきます。

あなたの脳のどこかを刺激すると、それに関連する感覚がよみがえります。つまりその感覚は、感覚そのものにあるのではなく、記憶の中にあり、それと関連する脳の中にあることがわかります。

そうしていくと、欲望は執着でくっついてしまい、心が欲望そのもののようになってしまいます。

その心は、どれほど欲望を成し遂げても、満足はしません。これでもかというほど、次から次へと欲望が湧いてくるようです。

欲望は、成し遂げられることによって、なくなるものではなく、減るものでもありません。それを手に入れた瞬間だけ満足をして、次の瞬間、心はもっと違うもので満足をしたいと思うのです。もっといいもの、もっとラグジュアリーなもの、もっと心を満たすものを探し求め続けます。

子供のおもちゃに塩を塗る

子供がおもちゃを気に入って、どうしてもそれを口に運んでしまうとします。母親はそのことを心配し、どうしたものかと思案した挙げ句、そのおもちゃに塩を塗りました。

子供は気に入ったものがあると、いつも舐(な)めたがるのですが、おもちゃには塩がつ

いているので、舐めた途端に、しょっぱい！　ということになります。

お母さんは、そうすることで、おしゃぶりをする癖を改善することができると考えました。おしゃぶりは、体によくないし、お行儀もよくないと思ったからです。

しかし、このおもちゃに塩を塗るというやり方は、否定的な心のスイッチの切り方です。

心のスイッチを切るには、手に入れたいと思っているものや、やりたくてたまらないことが、本当に嫌いになってしまわなければなりません。心の底から嫌だと思わない限り、心の動きを止めることはできないのです。

強烈に否定的な体験をさせるということは、たしかに有効な方法です。子供がおもちゃを舐めたら、とてもしょっぱかったということ、それは強烈に否定的な体験になります。

しかし、おもちゃを舐めると、ばい菌も舐めてしまうことになるとか、おもちゃは口に運ぶものではないので、見ている人が不快になるなどのことを、まずは教えてみるべきではないでしょうか。

そのようなことをしないで、いきなり塩がついたおもちゃを舐めさせるというのは

否定的であり、懲罰的です。

鎌倉時代、日本の仏教は「悪いことをすると地獄に堕ちる」とさかんに説教しました。そうして、悪いことをしてはいけない、と諭したわけです。今でも、地獄の亡者や、嘘をつくと閻魔大王に舌を抜かれるなどの話を聞くことがありますが、これはその名残りだと思います。

この地獄の話も、おもちゃに塩を塗るということとよく似ています。

あなたのやりたいことは、本当に命を永らえさせることですか？
まわりも喜ぶことなのですか？
自分勝手なことではないですか？
そのようにまず問い、自分のやろうとしていることが、真理のレベルから見て正しいことであるか否かを判断するのが正攻法だと、私は思います。

カルマから自由になり意識を進化させてください

執着と囚われは、どんどん増えていきます。それは、カルマの影響です。

過去の行為は、その人特有の行動の傾向を形成します。そして行動は、その人の運命を決定します。

このカルマに翻弄されることが、苦しみを呼びます。それは運命といわれるものであり、その人のカルマはずっとその人の人生をつくり続けていきます。

カルマは設計図のようになっていて、類似した事項や事柄を引き寄せ、過去の体験を繰り返させるのです。

多くの人は、人生はこんなものかと、その人生を受け入れるでしょう。そうして、カルマの法則にしたがって、運命を繰り返していきます。

この人生が受け入れがたいほど苦しいとき、「神よ、あなたがこの世界を創ったの

なら、なぜ私にこのような苦しみを与えるのですか。あなたの言うことを聞きますから、どうぞ私を楽にしてください」と願うことでしょう。

そうしたことをきっかけにして、もっと本当の生き方があるに違いない、と思い始めることができるかもしれません。

運命から自由になるためには、カルマから自由になることです。それは、もともとの純粋な自分があることに気づくことでもあります。

創造の源、神。悩んでいるのではない、すべてが満ちている至高なる存在。それこそが本来の自分であり、そこから離れたのが自己の魂なのです。

ヒマラヤ秘教には、カルマから自由になる実践の教えがあります。

ヒマラヤ聖者は、神に、この宇宙を創られている存在に出会いたい、という思いを強く持ち、神につながり、そして神に出会っていくことが自分の意識を高め、生きがいのある、最高の人生であるということを知ったのです。

やがて、すべてを知った神の意識になり、真理に出会ったのです。サマディとは、真理になった状態をいいます。

サマディは神に至る修行によって心と体、さらに魂を浄め、本質の自分に還っていくのです。それは真理と一体になることで、そこには愛に満ちた平和があります。それこそが人生の最高の目的なのです。

心で生きている限り、心を働かせ、一過性の喜びを求め続けていきます。常に忙しく、やがては苦しくなります。

ある部分の不足を補って、それが満ちても、心はどこか満たされないことに気づいてしまいます。そして、さらに何かを求めるのです。

上がったり、下がったり、右に行ったり、左に行ったり、自己を防衛するためにいつも動き回ってバランスをとっていきます。それがマインド（心）の性質です。マインドは変化するものであり、永遠のものではありません。それは波乗りをするようなものです。上手に乗るために、足腰を鍛えてバランスをとるという方法もありますが、源につながって心に振り回されないようにすることが一番です。

そして、**神から智慧をいただきながら、自分もまわりの人も傷つけない、平和な、気づきのある人になっていってください。地球を汚さず、愛を育み、思いやりをもっ**

て人を助ける人になってください。それは功徳を積み、内側の心を浄めます。

あなたは、衣食住を満足させるためのみに、生まれてきたわけではありません。

どうぞ意識を進化させてください。意識を進化させることは、とても時間のかかる難しいことです。しかし、善行を積み、瞑想を行い、カルマ、つまり心を浄め、意識を進化させていく階梯（かいてい）を順に一つ一つ上っていけば、必ずできることなのです。

第三章　心の癖を変える

心の執着に気づきましょう

人間は幸せを求めています。しかし、その幸せがたくさんのものを抱えることであると、ずっと錯覚してきました。

そして、いろいろなものに欲望を持ち、それを求めて、自分に取り込んでくっつけようとして、がむしゃらに頑張ってきました。それが、幸せになることであると思い込んでいるからです。

自分では気づかず、競争が生まれ、疾病や怒りなども発生し、さまざまなものに執着し、そこに囚われます。ひたすら同じようなパターンを繰り返しています。

しかし、これは何か不安で不自由である、こんな落ち着きのない幸福感でいいのだろうか、と気づき始めた人がいます。いくら欲しいものを手に入れても、人格が磨かれることなく、何か不安で内側から満たされない、このままでは幸せになれないとい

うことに、気づき始めたのかもしれません。

人は「良い人になりたい」「みんなから愛されたい」と願い、まわりに気を遣いすぎて、忙しく時間に追われていることも多いものです。しかし、深いところにある恐れは、人を信じることができず、さまざまな問題に発展するのです。

ある人は、幸せになりたいと恋をします。でも、理解が足りなくて、相手にいろいろなことを要求するばかりで、お互いに苦しくなり別れてしまいます。そして、また恋人を見つけるのですが、それは別れた人とよく似ていることが多いのです。結局、懲りずに再び似たような人を選んだということでしょう。そのため、やはり心が満足することはありません。

ある人は、買い物をします。しかし、それは一時的な心の満足です。ごみが増えているだけであったりします。

趣味の習い事をしてみますが、続けられず飽きてしまいます。また、凝りすぎてしまう人は、気がついたときには、ものすごい散財になっていたりします。

友達との付き合いに気を遣いすぎます。自分のエゴと人のエゴに辟易(へきえき)します。内側

で嫉妬したり、ジャッジ（評価）ばかりしていて、心の中に平和がありません。また、電話をしないと落ち着きません。甘いものがやめられません。これらはみんな癖です。変な癖がたくさんあります。

「無くて七癖」といいますが、なかなかスマートにいかず、すべてが不自然で無駄にエネルギーを使っています。どうして、このような癖が身に付いてしまったのでしょうか。心はまるでシーソーのように傾き、不安定です。

すべてはエゴがバランスをとるために、エゴのこだわりで執着し、くっつけて形成されてきたものです。あなたは、それに気づくことができるでしょうか。

そうしたエゴのこだわりは、エネルギーの偏りと神経の偏りから、ストレスを呼び込んでいきます。本質へのこだわりでなく、枝葉へのこだわりです。その結果、将来に災いを招き入れるのです。

人生の最高の目的は、本当の自分になることです

人は本来、人格を高め、真の成長をするために生まれてきました。真理を目指すことで、魂の神聖さを目覚めさせるのです。

今までの幸福のあり方は、すべて心のレベルです。心の性質である区別と差別のある幸せです。比較からの幸せ、変化する幸せです。部分の幸せであり、やがてなくなる幸せです。

幸せには、永遠に変わらない本当の幸せがあります。私たちはもともとすべてが満ちている存在であり、そのためには、本当の自分につながり、真理になっていくことです。

神はそれを望み、そのように進化できるようなシステムを、「未完成な私たち」という形で与えてくれたのです。成長できる人生を与えてくれたのです。神は私たちに、

運命を変えて成長できる力を与えてくれています。真の成長を発見し、そのための冒険をして変容していくことです。

そのような生き方を知らないと、人生は苦しいことばかりです。仕事で苦しみ、人間関係で苦しみ、病気で苦しみ、いったい何のために生まれてきたのかということになります。

ある人は順風満帆な人生で、仕事も順調、人の称賛を浴びていますが、何かが満たされないと嘆きます。何のために生まれてきたのか、と嘆きます。お金も十分にあるし、家族も健康です。しかし、何かが足りないと浮かない顔をしています。未来に対する不安も抱えています。

表面的にはいくら満たされていても、常に深いところの心は安らいでいません。永遠の存在から分かれた神の分身であることを、修行を通して悟らないかぎり、真の安らぎはありません。

物質的には満たされ十分幸せに見えるのに、心がエゴの欲望に振り回されます。恐れなどから、いろいろなものを求め、取り込みます。否定的な感情を湧き上がらせる、

エゴのこだわりの執着もあります。そうした自己防衛のために、さらにもろもろのものをくっつけていくのです。

人は、自分を心であると勘違いしています。

そして、エゴの欲望が増殖していきます。心は望むものを常に取り込みます。

つまり、くっつけて増殖していきます。心の恐れから自分を守ろうと、いろいろなものを抱えてくっつけ、それに依存していきます。

感覚を浄めコントロールすることが大切です

心に情報を伝えるために、感覚はいつも外にアンテナを張っています。

人間が最初に発達させてきたのは、フィーリング、皮膚の感覚です。空気や水を皮膚に感じることは、さらに特別な波動を感じる機能としても発達しました。

フィーリングは、心を活動的にします。フィーリングをコントロールして、マイン

ド（心）のコントロールに成功すると、そこに愛と慈愛が発生します。

フィーリングは、暑さ寒さを感じます。恐ろしさ、安全性も感じます。視界に入らなくてもフィーリングで全体を感じます。

フィーリングは原初の感覚であり、イメージが発生し、ビジョンが発達し、イマジネーションと結びついて、愛や信仰が発達してきました。


そうやって、それぞれに特有のバイブレーションを感じることができる感覚が発達したのです。

音の波動に耳の機能が発達し、美しい色は目の機能を発達させ、芳しい匂いに鼻が発達し、おいしい味に味覚が発達して、そうやって生命を維持し、安全を守ってきました。

つまり、キャッチされた情報によって、何かが不足するとそれを求めにいき、危険を感じれば安全なところへ移っていったわけです。

さらには、感覚からの情報が心に伝えられ、心が発達し、心の働きがさまざまに展開していきました。記憶や知識で判断し、次の行為に移る、または理解して、次の選

択をしていきます。

ですから、まず感覚のレベルでの働きを理解し、心の記憶の部分、心の理解を正し、心の執着を浄化していかなければなりません。**また、感覚の情報から、心の執着も生まれます。その感覚を浄め、コントロールしていくことが大切なのです。**

「くっつく性質」を変えるために捧げる行為をします

本当の自分に出会うため、そのために人生を歩んでいくこと。生きる意味がわかり、最高の幸せではあるのですが、それにはさまざまな準備が必要です。

まず、執着を取っていきます。それは「くっつく性質」の変容です。

普通、くっつけたい欲望、執着がなくなるには、時間がたって忘れるのを待つしかありません。

また、人生のなかで望むものが手に入らずに苦しいときは、そこから逃げるための

行為を思いつきます。そうして、何とかやり過ごすのではないでしょうか。

しかし、そうした思いは死んでからもずっと残っていきます。それを生きている間に浄化し、外していくことで、心は安らぎを得ることができるのです。

「くっつく性質」を変容させる一番効率が良い方法は、ヒマラヤ秘教の恩恵をいただくことです。それには、さまざまな段階を追った魂の浄化の方法があります。

第一に、「くっつく性質」、執着する性質の心そのものを浄化して変容する方法
第二に、音の波動で浄化して変容する方法
第三に、光の波動で浄化して変容する方法
第四に、高次元のエネルギーの伝授であるシャクティパットで浄化して変容する方法
第五に、高次元の存在につながって、信仰によって浄化して変容する方法
第六に、智慧によって浄化して変容する方法
第七に、高次元の愛によって浄化して変容する方法

これらは、いずれも浄化して変容する方法ですが、これらのほかにも浄化する方法

があります。それは、「くっつく性質」とは反対のエネルギーが出るような行為をし、その意識を自分のなかに取り込んでしまう方法です。

具体的には、「くっつく性質」とは正反対の行為をすることで、できるだけ内側の執着、くっついたものを外すのです。それは、高次元の存在に捧げる行為をすることです。

体を使って労働を捧げるのは、「奉仕」ということで、捧げる行為になります。お金は欲望の象徴であり、執着です。それを捧げることは奉仕です。一気に執着がはずれ、心を浄化することができます。

なぜ、布施の対象が高次元の存在であるのかというと、エゴを超えた存在だからです。差し出すことで祝福と幸運がいただけるのです。純粋な高次元の存在へ差し出すエネルギーは、愛に変換され、循環して、他の人々への救いとして流れていきます。

素直な笑顔は、人の心に喜びを与える捧げる行為になります。何もできない人も笑顔はできます。「ご苦労さま」「頑張ってください」と声をかけることも「奉仕」になります。

神のため、魂のためにできること、気がついたことをすることが、「奉仕」であり、そのようにして差し出す行為をしたならば功徳となり、「くっつく性質」のエネルギ

ーを中和して、それらを弱らせ、そのうちになくしてしまうことも可能です。

「奉仕」は、神のために捧げる行為ですから、善因善果の善因にあたる良い行為であり、良いカルマを積む、功徳を積むことになります。道徳的にも正しい行為です。

すべての行為は結果を生み、カルマとなって心身に記憶されます。

たとえ良い欲望であっても、それに執着している間は、成し遂げたいとチャンスを願い、心はそこから離れません。ですから、自由にはならず、それは繰り返しになるのです。あなたのカルマを浄化する意味はここにあります。

心に翻弄されず、自分が自らの支配者になり、自分の意志で選択して行為をすることです。自分の人生をつくりあげることです。そのために、カルマを浄化するのです。

モラルを正すと「くっつく性質」や執着が取れます

悪いカルマを積まないだけでも、「くっつく性質」や執着を改善させることができます。

心が満足していないと、何かが欲しくなるわけです。

布施や奉仕といった良い行為は、損をするのではなく、それによって欲望を落とすことができるのです。「カルマが浄化できてありがとうございます」と思います。取り込む行為から差し出す行為になり、執着から解き放たれ、神性が目覚めるのです。

良い行為からは、良い結果が生まれます。モラルを正して、心がストレスを受けないようにすることです。

人を傷つけません。自分を傷つけません。人に暴力をふるいません。体の暴力、思いの暴力、言葉の暴力をふるいません。

会社であの人は嫌いだとか、あの人はこうよねと、ジャッジしません。ジャッジして自分を守ったりはしません。

嫌な感じを態度に表しません。嫌だと思うこともしません。人の命を尊重します。

嘘をつきません。自分をよく見せるための嘘も、言い訳のための嘘もつきません。素直になります。

人のものを盗みません。奪いません。物を無駄にしません。エネルギーをむやみに使いません。欲をかかずにシェアします。

みだらなセックスをしません。

正しい食べ方をします。バランス良く食べます。

人を傷つけ、自分を傷つける悪いことはしません。

神の意思でない、エゴの悪いことや無知からの望みが一度でも達成されると、それが快感になり、「くっつく性質」に発達していきます。ですから、悪いことには、最初から近づかないにこしたことはありません。

これは、子供を育てるときに良い環境を与えることが、どれほど大切なことであるか、ということにも関連しています。

「三つ子の魂百まで」といわれていますが、一度傷ついた心を癒すのは大変です。子供のときにプログラミングされると、本当に変えるのが難しいのです。その傷の元に

入っていけば解放されるのですが、あれこれ枝葉の自己防衛が守りのバリアを張っていて、いつそうした思いになったのか、どのような理由でそうなったのか、原因に突き当たることが至難の業なのです。

ヒマラヤ聖者に出会うようなことでもない限り、浄化することはできません。ですから、最初から正しく育てていかなければならないということです。

「君子危うきに近寄らず」という言葉もあります。賢い人は最初から危険な匂いのするところへは、近づかないということです。変なことに巻き込まれない、ということでもあります。

心を汚す行為に近づかないということは、大切なことです。

人は無意識で行動しています。それを無知といいます。それが深いところでは心を汚す行為となっても、無意識の行動が多く、自分が何をしているのかわからないのです。そしてまた、自己の防衛であり、感覚と心の喜びを追求し、一度味わうと癖になり、スイッチが自動的に入り、ブレーキがきかないのです。もっともらしい行為なので、気にならないのです。

ですから、自分の行為を客観的に見る、気づくという鮮明な意識の開発は重要で

す。

自分の行為を神の目で見て正確に判断することができれば、正しい選択ができるのです。自然に神聖な愛ある良い行為（善行）を行えるようになります。

高次元のエネルギーを持つマスターの祝福は、カルマのつながりを断ってくれるのです。マスターへの信頼が大切です。

自分から良いエネルギーを出していきましょう

子供のときは多くの人が両親に育てられ、守られ、当たり前にいろいろやってもらってきました。しかし、そのことは憶えていません。そのため、守られていること、いろいろとやってもらうことが当たり前のようになっています。

親が常に自分の欲求を聞いてくれないときに、「なぜ親切にしてくれないの」と親を責め、ずっと恨んだり、親に依存しています。

この心の癖は、両親のみならず、まわりの人にも及び、依存していて、「なぜ親切にしてくれないの」となるのです。

そうなると、自分でどんな間違いを行っても、悪いことをしても、「親が悪い」から始まって「まわりが悪い」「社会が悪い」と次々に責任転嫁をしていき、自分の責任だと感じません。自分の行いを反省しません。

否定的な行為の根源に子供時代の体験があり、それが今に影響しています。それは自分のエネルギーでは浄化できないのです。修行して浄まった高次元のエネルギーが必要です。研修や合宿でアヌグラハ*というマスターの恩寵（おんちょう）と、深い気づきと積極的浄化で解放できるのです。

あなたが今にいてあるがままでできることは善行、「捧げる」ことです。

自分のほうから良いエネルギーを出していくことです。大人になるということは、愛をシェアする人になることであり、相手をジャッジせずに受け入れ、親切に人を真の幸福に導くことなのです。

どのようなときも感謝をもって学びとして「ありがとうございます」と言えるよう

になると、人のせいにしていたときとは反対に、心の回路が動き始めます。カルマの積み方も正反対になり、運命も正反対の方向に大きく変わっていくのです。

どのような人にも、もう一人の本当の親がいます。それが創造の源の力です。その源にサレンダー（明け渡す）をするということが、執着を外すことのできる、真理に向かう生き方です。

そのようにしなければ、人は常にエゴにつながってしまい、自己防衛から他人をコントロールするようになってしまいます。そのとき、それがエゴの快感になるのが落とし穴です。エゴの快感に酔ってしまうと、新たなる執着やカルマをつくってしまいます。それが、やがてまた苦しみを呼び込んでいくのです。

エネルギーを出し、与える立場になったはずなのに、なぜこんなにも苦しいのだろう。そう思う人の多くは、神を忘れ、真理に向かう生き方をしていない人です。与える立場であっても「ギブ・アンド・テイク」の心であり、見返りを願う生き方であり、本当の意味での無償の愛を捧げる生き方ではないのです。

それを浄めるには、意識を覚醒させ、高次元の存在に捧げ、まわりと分かち合う、

くっつかないような行為をすることです。

自分のほうから良い行為をすると、良い行為が返ってきます。仏教でいう因果応報です。

そのメカニズムで、心を変え、心の「くっつく性質」を変えることができるのです。

＊アヌグラハ　「神の恩寵のエネルギー」のことです。すべてを創造した至高なる存在である神のパワー。悟りのマスターが橋となって、信頼によって起きます。

ヒマラヤ聖者の恩恵を分かち合いましょう

心の「くっつく性質」を取るには、良いエネルギーを注入するという方法もあります。また、悪いものを取ってしまうという方法もあります。

良いエネルギーを注入してもらうためには、高いエネルギーを持っている良い人に出会わなければなりません。水が高いところから低いところへ流れるように、エネルギーも流れるからです。

子供のころは、両親や学校の先生、習い事の先生などからいろいろ教わります。社会に出ると、上司や先輩から教えてもらったりします。

インドでは、魂を浄化したり、魂を高めたりするときには、「グル（師）」につきます。「グ」は暗闇という意味で、「ル」は光という意味です。グルには「暗闇から光に導き給え」という意味があります。

グルにガイドをしてもらい、魂を浄化し高めていくわけです。

カルマを積んで重いタマス（暗質）のエネルギーがいっぱいの人でも、何回も生まれ変わり、変容することによって、純粋になれます。ただし、計り知れない数の生まれ変わりを繰り返さなければなりません。何百万生もかかる進化の道です。そのように変容し進化していくのが、自然の流れです。

ところが、今、生きたヒマラヤ聖者に会うことで、マスターからの祝福により、最速で変容し進化していくことができます。それは、鉄鉱石から鉄をつくり、コークス

からダイヤモンドをつくる作業に似ています。

良い精神的指導者につくと、内側を積極的に変容させていけるのです。

グルの中で、サマディに達した人は、サマディマスター、あるいはシッダーマスターと呼ばれています。サマディとは、修行によって創造の源にある本当の自分に還ることで、真の悟りを得ることです。

サマディに達したマスターには、エネルギーを変容させる力があります。

シッダーマスターの言葉には、高次元の波動が含まれています。サマディからの真理の言葉は深い理解を促し、心の中を整理させ、「目から鱗(うろこ)……」のような気づきをもたらします。深いところから浄化する力、執着を外す力があります。

シッダーマスターの目の「シャクティ（パワー）」は愛のエネルギー、神秘のエネルギーを放ち、あなたのハートを開き癒します。そして、シッダーマスターの存在そのものからのパワーが流れ、あなたを一瞬にして空っぽにするのです。

マスターの存在からの波動は、あなたを今、ここにある状態にしていき、あなたのカルマは自然に溶かされ、執着が取れて自由になっていくことができます。

このように、シッダーマスターは創造の源への扉を開き、スピリチュアルな光の道、根源へとガイドします。

しかし、そのようなシッダーマスターに出会って、本質的な導きをしてもらうことは、なかなかできません。そのため、一般には自分の運命を受け入れて、生きていくのが普通です。

そんななかで、幸運なことに私はヒマラヤ聖者に出会ったばかりか、ヒマラヤで修行することができ、究極のサマディに達しました。ですから、今この日本で、ヒマラヤ聖者の恩恵を分かち合うことができるのです。

ブレッシング（恵み・祝福）は、ヒマラヤ聖者の最大の恩恵です。ただし、仏教でいう灌頂（かんじょう）という出家の儀式にあたるディクシャ*によって、恩恵をいただいて高次元の存在につながることが必要です。そして、神への信頼と愛により、最高のブレッシング、神の恩寵であるアヌグラハが起きるのです。

そうして初めて、安全に瞑想修行を始めることができるのです。

*ディクシャ　シッダーマスターから高次元のエネルギーを伝授していただき、内

側を目覚めさせ、心を浄化して、本当の自分、「創造の源」につなげるための手法です。

修行によって内側から浄化することができます

自分の内側から浄化していく修行はときに一人でできますが、途中でバランスを崩す、きわめて難しく、長い年月が必要な孤独な修行です。ところが、シッダーマスターであるヒマラヤ聖者の恩恵をいただくことで、守られ、積極的に最速で浄められていきます。

しかし、誰もがシッダーマスターに出会えるわけではありません。また、出会ったとしても、弟子にしてもらえることはほとんどありえません。そして、その秘法は、手順を踏んでいなければ与えられないものです。

具体的な方法は秘法になっているので、ここで明かすことはできませんが、その最

も重要なことの一つに、宇宙から良いエネルギーをいただきながら、新たにエネルギーをつくりだしていくということがあります。

ヒマラヤの秘法はパワフルなだけに、その方が本当にそれを理解し、感謝や素直な気持ちで受け取ることが大切です。一方的に与えて、成り立つものではなく、理解をし、サレンダー（明け渡す）をして受け取らなければ、秘法は働きません。

不信と欲と、軽はずみな心で受け取ると、やけどをしかねません。

なぜなら、それは神からのパワーであり、魂から願う人に渡さなければならないという、ヒマラヤ聖者の教えがあるからです。

マスターから直接エネルギーをいただくことが一番です

どんな習い事も先生に直接つかなければ、繊細な手つき足つきなど、正しくとらえ

ることができません。それが内側の見えない部分、肉体の内側にあるアストラル体と呼ばれる細やかな体、さらに内側のコザール体と呼ばれるより細やかな体、それらのエネルギーのレベルの教えなら、なおさらです。

エネルギーには八百万（やおよろず）のエネルギーがあります。それを統合できるのがヒマラヤ聖者です。エネルギーを浄化したり、バランスをとったり、超えたりして、深い平和をつくります。

内側のエネルギーはあちらこちらに散らばっていて、まだ粗雑であったりするわけですが、それが高次元の祝福である、神の恩寵のアヌグラハという、マスターからの特別な祝福で一気に変容し、浄化されます。また、さまざまな秘法で欲望の心、執着した心、否定的な心が浄化されます。さらにサマディからの智慧によって気づき、浄化され、意識が進化するのです。

ヒマラヤ聖者は、こうした浄化を進める高い波動を持ち、またそれをつくりだします。サマディからの変容と悟りへの秘法を知り尽くしているからです。

そして愛とパワーと平和と、最強のエネルギーを持っています。

高次元のエネルギーは、深いところに植え付けてもらわないと定着しません。深いところに高次元のエネルギーを植え付け授けることを、イニシエーション（灌頂）といいます。

イニシエーションは本を読んで行うものではなく、マスターから授けられるものです。そのときに疑いがあったりすると、うまくいきません。

そのイニシエーションを受けたある方は、マスターに対する信頼について、私の兄弟弟子であるパイロットババジ（「ジ」はインドの敬称）の「一点の曇りもない百％の信頼」という言葉を引用していますが、まさにその通りです。イニシエーションが順調に行われるためには、マスターへの「一点の曇りもない百％の信頼」が必須です。

誓願を立てることも大切です。イニシエーションは、それができる本物のマスターにしていただくことと同じくらい、受ける側の心構えもものすごく重要なのです。

本を読んでの実践でも、それなりの成長も成果もあります。

しかし、スピリチュアルな本当のマスターに出会うチャンスがあったら、誓願を立てるなどのことを行って、一点の曇りもない信頼を築き、そのマスターから直接エネ

ルギーをいただくイニシエーションを受けたほうがよいでしょう。

マインド（心）が働くから「真ん中」にいることが難しいのです

「真ん中」にいることが大切だと、私は言います。「真ん中」にいるとは、「真ん中」の根源につながること、聖なる存在につながることです。

その「真ん中」に、独力でつながっていくということは、相当に大変なことです。そのために、シッダーマスターのエネルギーをいただき、ガイドしてもらって「真ん中」、つまり創造の源につながるのが、イニシエーション（灌頂）です。このイニシエーションのことをシッダーディクシャといいます。それは、シッダーマスターからの伝授という意味です。

イニシエーションのときには、浄めの高次元エネルギーの伝授をいただき、さらに、サマディ瞑想という瞑想秘法をいただきます。それは、本当の自分になっていく秘法

をいただくことです。

また、この秘法はシッダーマスターのものであることが大切です。それは信頼できるものです。なぜなら、あなたの新しい運命をよりよいものにするものだからです。

さらに、この恩恵と瞑想の実践は、「失うことのない宝物」。まさにその通りです。

「真ん中」にいることは難しく、言葉で説明してもその通りにはいきません。マインド（心）の段階にいると、安定しません。マインドによる価値判断は上がったり下がったり、目まぐるしく上下するからです。

誰のマインドもいつも働いています。仕事を思い出したり、美味しいものを食べたくなったり、つい「真ん中」の見えない存在につながるということを、忘れてしまいがちになります。

ヒマラヤ秘教はまず、灌頂で高次元の存在につながり、内側の変容を導きます。祈りや瞑想を、生活の中に取り入れるのです。心を浄化し、源に達していくための時間をつくります。

そして、自分が今何を選択しているかに気づきます。

仕事のことを真剣に考えているといっても、仕事のことばかり考えている人というのは案外いません。真剣に考えていても、就業後に行く場所を考えたりもします。仕事や勉強に集中しているさなかに気がそれるのは、だいたいマインドが働くからです。マインドが働いて、くっついてきたものの多くは、無駄なものばかりです。

しかし、マインドを働かせ情報を集めているときには、そのことに気づけません。気づきは進化の一つです。

源の存在につながればおのずから満ちてくるのです

人間関係が苦しくなってしまうのも、マインドが働いて、いろいろなものをくっつけていることが、大きな原因です。

マインドは「欲しい、欲しい」と常に求めています。人間関係においては、愛され

たい、尊敬されたいという思いが常に潜んでいます。

それが、「あの人は、愛してくれない」とか「あの人は、私を尊敬していない」というように責める心になります。

責めたり、不満の心は良くありません。自分からは何も差し出していないのに、欲しい、得たいとばかり思うのはどうなのでしょう。

そして、自分の非を相手の責任にする癖があったりするかもしれません。当然、そんなことを人に求めてはならないのです。

マインドの「欲しい、欲しい」の働きを止めて、まず創造の源につながることが大切です。

さらに自分のほうから差し出していくことです。すると心の「くっつく性質」が薄らいで楽になり、おのずから満ちてきます。

「断捨離」という言葉はヨガから来ています

いつも「欲しい、欲しい」とマインドにスイッチが入っている人がいます。どれだけ得たか、持っているかということが、その人の満足の基準になっています。他の人はどうなのかと、いつも気になり、比較する心が異常に発達していきます。

それを修正するには、差し出すマインドを育てていくことです。

自分のほうから差し出す回路が発達していないと、すぐに人と比較することになり、マインドが不足だと感じてしまいます。ジェラシーは、そのようなことから起こってくる感情です。

人は、誰よりも優れていたいと思うのが普通です。人と比較して、自分が優位だと安心したりもします。そのようなマインドは、大なり小なり、みんなのなかにあります。何ひとつ不自由のないような人であっても、比較するマインドがあればジェラシー

は起きるのです。

『聖書』に「貧しき者は幸いなり」ということが書かれています。ものをたくさん持っていたり、物事をたくさん知っていたりすると、さまざまなものがくっついていて、執着もたくさんあるのが普通です。そのため、実は少しも自由ではなく、かえって苦しいということになります。

外側になんにも持たず、物事への固定した価値観や知識がない人は、囚われず純粋です。つまり「貧しき者は幸いなり」なのです。

ものをたくさん持っている人は、必要なものだけ残して、不必要なものを処分する必要があります。

まさに今流行っている「断捨離」です。この言葉も実はヨガから来ている言葉なのです。不要なものを極力減らし、生活や人生に調和をもたらすということですが、ヨガの行法の「断行」「捨行」「離行」の頭文字を合わせたものです。

不必要なものを捨てることによって、ものへの執着から解放され、身軽で快適な人

生を手に入れるということです。仏陀以前から行われているインドの習わし、悟りのための出家は、それを実行するものです。捨てるだけなら「片づけ」や「整理整頓」ですが、そのことでものへの「執着」を消してしまうことはできません。

マインドがよく働く人は、いつも内側が不足していて、「欲しい、欲しい」と外から何かを取り入れようとします。心の根本からの執着を見る必要があります。

しかし、私たちの奥深くは、もともと満ちています。何かを手に入れて、満足する感覚以上の豊かさが、そこにはすでにあるのです。

内側からの豊かさはなくなることがありません

人一倍恋愛経験の多い人は、実は恋愛依存症であったりします。女性も男性も「くっつく性質」や執着で動いている人は、恋愛経験がつい多くなってしまうのではないでしょうか。

恋愛経験が多いから、心が豊かというわけでもありません。寂しい心がベースにあるからこそ、恋愛経験が増えるということもあります。

最近は、心がオープンになり、積極的に新しいことに挑戦する人が多くなったようです。今までの限定された価値観が変わり、女性の恋愛に対する捉え方も自由になってきました。だから、すぐに行動を起こし、くっついたり離れたりしているのでしょうか。

本人は真剣なのでしょうが、「くっつく性質」や執着が元にあり、感覚的な欲望の繰り返しが多いようです。心や感覚の一時的な満足が忘れられず、それに依存し、求め続けているということです。

もちろん、人は支え合って生きているのですが、それに執着して依存しすぎていく場合もあります。恋の心は磁石のようで、特にその傾向が強いのです。

あるいは、ものについても、何かに異常に執着し、こだわりの強い人は、そうした行動を起こしやすいといえます。

次から次に買い物をする人、次から次へと恋人を替える人は、そのようにしていないと心の隙間を埋めることができないからでしょう。

しかし、次から次へと恋人を替えても、残念なことに心の隙間が埋まるわけではありません。寂しい心が、寂しくない心に変わることはありません。
なぜならば、それがマインドの性質だからです。マインドの「くっつく性質」、執着です。

次から次へと恋人をくっつけ、取り替えても、心の隙間は埋まりません。そうした執着を超えて、深いところの平和に達していくことです。そこには、愛があり、パワーがあり、智慧があります。

瞑想をすることによって、内側から満ちてきます。その内側からの豊かさは、なくなることがありません。しかも、独特の美しさを醸し出す無償の愛の実践もしていきます。

心が落ち着かないときこそ人生の分かれ目です

心が落ち着かないから、とりあえず何かやるということがあります。

男性の場合、それが仕事であったりするのですが、最も多いのはお酒を飲むことでしょうか。

女性の場合は、旅行に出かけるとか、おいしいものをつくったり、友人に会ったりと息抜きをすることかもしれません。

実は、本当のものをつかまえるためには、そのプロセスでいらないものを手放さなければなりません。

手で何かを掴んでいるあいだは、他のものを掴むことができません。今掴んでいるものを手放せば、次のものを掴むことができます。

そこで、お酒、旅行、おいしいものなどのことに戻りますが、これらはくっつけるべきものと思っていますが、果たしてそうなのでしょうか？　そうであるのか、ないのか、気づくことができるでしょうか。

また、気づいたなら、そのうえでどうしたらいいのでしょう？　たとえ切り離して捨てるべきものでも、そんなことができるのか、ということです。

「持ちすぎて」しまうと、なかなか捨てることができないものです。

しかし、内側が満ちてくると、執着や依存は自然に落ちていきます。内側が満ちてくると、その静寂の喜びがわかってきます。

「真ん中」につながっていると、信頼すること、素直になること、エゴを落とすことで本質に出会えるようになります。そして、本当の安らぎを実感できるようになります。

マインド（心）といつも一緒なので、とかくいろいろなものに心を使いすぎます。くっつけ、持ちすぎています。いろいろな価値観、思い込み、自分ならこうする、これが一番正しい、と自分のやり方にこだわります。これがなければできないとか、さまざまなこだわりがあります。

あるいは、傷ついたことによる恨みを持つ人、悲しみを持つ人、怒りを持つ人、比較の心を持つ人、否定的な心を持つ人には、それぞれの感情がフィルターとなり静寂が現れないのです。ですから、内側の深いところから生まれてくる、すべてを生み出す力や智慧、それに宇宙的な愛のことはわかりません。

それを知る感覚は、深い静寂なのです。すべてが満たされ、今ここにいる感覚です。マインドをよく働かせているので、そこに住んでいる人には、そのことがわかりま

せん。その結果、くっつけ、持ちすぎてしまうことになります。

もし、あなたが苦しんでいたとしたら、それは大きな学びのときです。

物質的に満たされていても、それは完全ではありません。そうしたものはいつかは変化して、あなたのそばから離れていきます。

また、いろいろなものを持つ豊かさに依存していると、その依存が外れたときも、何かつかまるものがないと戸惑い苦しむかもしれません。

心が落ち着かないときこそ、自分の内側を見つめるようにしましょう。今、何をやるべきかと智慧を働かせましょう。

これまでは、なんら自覚症状も疑問も持たずに生きてきたのかもしれません。

しかし今、あなたの深いところが、何のために生まれてきたのか？　ただ食べて、仕事をして、寝るだけの生き方でよいのか？　何かが違う、と本当の生き方、安らぎを求めています。

そして、直感が働いて、この本を手にしているのです。あなたは真理へのガイドに出会ったのです。

真理につながることで、永遠の豊かさを手に入れることになります。真の悟りを得て、本当の豊かな人になることができます。

そうして、あなたはすべてを生み出す力や智慧、愛を得るのです。

「なんのため？」と考える癖をつけるとよいでしょう

自分の内側に目を向けると、例えば地位や名誉など、持ちすぎているありとあらゆるものなど足元にも及ばない、豊かで素晴らしいものがたくさんあることがわかります。

体の機能も、心の働きも魂も素晴らしい。磨いていけばいくほど、より素晴らしいものになっていきます。

それなのに、ほとんどの人が体も心も魂も、生命エネルギーも磨かないで、調子を悪くしています。

体調が悪くなっても、体、心、魂を磨けば、清新の気をともなった生命エネルギーを新たにいただけるのに、サプリメントを飲んだり、クリニックや病院へ行ったりします。


ものに振り回されていると、それだけでもストレスです。

また、集めすぎて、くっつけすぎて、持ちすぎると、どうしても忙しくなります。そのことで、時間にも縛られるようになります。

ストレスになって、さらに集めすぎ、くっつけすぎ、持ちすぎに拍車がかかるわけですが、何かの拍子に、「なんのため？」と考えてみることです。

すると、ずいぶんつまらないもののために、あくせくしていることに気づくでしょう。


何か一つの思想に染まりきると、立ち止まって、「なんのため？」と考えることがなくなります。それがいけません。

例えば、民族による考えの違い、宗教による考えの違いなどがあると、そこには競

争が生じ、やがては争いにまで発展することがあります。「なんのため？」と、立ち止まって、ゆっくり考える癖をつけてほしいものです。

第四章　「真ん中」にいるということ

サマディは「真ん中」に達することを目指します

「心のしくみ」や「心の癖を取る」ということを述べるなかで、キーワードになっているのは「真ん中」という言葉です。そのことには、すでにお気づきのことと思います。

サマディからの智慧の教えは「真ん中」に達することを目指します。私の道場の合宿（リトリート）では、それを体験します。合宿後もさらにそうしたことを定着させていきます。

「真ん中」とは、創造の源のことです。宇宙の源です。

そのためには、まず私たちの小宇宙といわれる、この心と体と魂のそれぞれの中心に達することです。さらに、それぞれを超えて、源に達していきます。

そこにあるのは本当の自分です。それは、神の分身のことです。

私は若いときからヨガ、瞑想、そのほかヒーリングを学び、修行をしてきました。のちにヒマラヤ聖者とのご縁により、ハリババジをマスターとして、ヒマラヤの秘境の地で修行することができ、究極のサマディに達しました。

そして、マスターの命で、何十万人もの人々の前で、真理の証明と、平和と愛と真理のシェアのために、公開で「アンダーグラウンド・サマディ」を行ってきました。

空気も入らないような密閉された地下窟に入り、瞑想を超え、究極のサマディに四日間没入して、神我（しんが）一如（いちにょ）となった後、復活してきたのです。

一回きりではなく、二十年の間に十八回の「アンダーグラウンド・サマディ」を行い、どの「アンダーグラウンド・サマディ」も多くの人々が見守るなか、公開で行われました。

このようなことは、通常ありえないことですから、あなた方はこれから同じことをする必要はありません。

私は真理と一体になり、すべてを悟り、人を最速で幸せにする力をいただきました。

ですから、それを人々とシェアし、それぞれが才能を発揮し、自由に羽ばたくお手伝いをさせていただいているのです。

「真ん中」とはすべての根源のことです

「真ん中」とはいったいどういう状態でしょうか。目に見えるレベルで感じる、左右の真ん中でも、上下の真ん中でもありません。

それは、すべての源のことであり、インドでは「ブラフマン」と呼ばれてきました。至高なる神のことです。

つまりヒマラヤ聖者は、神に出会いたいと、実際に神になる修行である究極のサマディを発見し、そして、神になった人々なのです。

神になることを、解脱（げだつ）、あるいは涅槃（ねはん）、ニルヴァーナ、モクシャともいいます。エンライトメント（光明）を得て、最高の悟りを得ていきます。

それは、神に達する修行をすることにより、時間を超え、空間を超え、すべての源の今に自身が在ることです。その状態がサマディです。サマディとは「同じとき」という意味であり、本当の意味での「真ん中」に達するということです。

このように説明していくと、私と同じように修行しなければ、「真ん中」に達することはできないと思われるかもしれませんが、あなたが「真ん中」に達することは、私が修行したときよりもずいぶん楽なものになります。

なぜなら、あなたが望めば私から直接エネルギーがもらえ、マスターからガイドを受けて修行することができるからです。

私は悟りを目指し、真理と一体になり、神に至るための厳しい修行を行いました。ですから、あなたは、今この日本で、ヒマラヤ聖者からの直接のガイドと恩恵を受けて、修行ができるのです。

「真ん中」に達し、そこに居続けるにはガイドが必要です

あなたがこの修行を始めると、「くっつく性質」や執着から解放され、苦しみやエゴから解き放たれます。純粋になり、楽になり、幸せになっていくことでしょう。修行から得られるパワーは、いらないものを溶かして変容させるのです。

また、良いものであっても、悟るためにいずれこだわりを手放す必要があります。真理に達していくためには、すべてのこだわりを手放さねばならないからです。こだわるものを変容させて、あなたは生まれ変わっていくことができるでしょう。

現代の暮らしは、便利で快適で豊かなものに囲まれています。一方、本来の悟りの修行とは、すべてを捨てて、人里離れたところで行うものです。しかし私は、合宿や各種の研修に、ヒマラヤ秘教の秘法のエッセンスを盛り込み、ヒマラヤに行かなくても、段階を追って安全に修行できるようにしました。

ですから、ディクシャ（伝授）を受けて順次修行していくことで、あなたも執着から解放され、最高の人格に成長していくことができることと思います。

このようなガイドなしで「真ん中」に達することは、簡単にできることではありません。そして「真ん中」に至ったとしても、居続けることはとても難しく、ほとんど不可能なのです。

マスターとガイドを信頼することで、初めて高次元の存在につながり、信頼して中心に向かうことができるのです。

この神である、中心の存在は見えはしませんが、そこにつながることで、人生を楽に生きていくことができます。ただし、次元が違う波動のため、そこには梯子（はしご）をかけなければなりません。

マスターによる高次元のエネルギー伝授は、その梯子になる波動を分かち合います。究極のサマディを体験したシッダーマスターには、それができるのです。そして、日常に気づき、行為は心が安定し、安らぐことをします。

ヒマラヤ秘教の秘法が「くっつく性質」を溶かします

「真ん中」である神がどこにいるかと言いますと、ここにもそこにも、あなたのまわりのそこらじゅうにいます。源の力は、すべてを創り出し、すべての存在の奥深くに存在しているのです。

ヒマラヤ秘教の教えでは、最初にプルシャ（根源の純粋な存在）が現れました。そのプルシャからシャクティ（力）が生まれ、プラクリティ（根本原質）が生まれたのです。そこから、次々に神は創造物を創り出していきました。

物質の源の存在から、空（アカーシャ）が生まれ、さらに次々と風、火、水、土の要素という、宇宙を構成する基本の五つの要素が生まれていったのです。これらはインドのヴェーダ哲学の考えです。空はすべてに隙間を与え、リラックスさせ、バラン

スをとる力があります。風は空気を浄めてくれ、火は変容の力があり、水はすべてを浄める力があり、土にはすべてを生み出す力があります。

そうして、心の働きが生まれ、心の内側のしくみも順次発達していきました。これは第一章でも説明しました。

人間の内側に、純粋な意識があり、エゴが生まれ、仏性(ぶっしょう)という智慧があり、思考し記憶する心が生まれました。生きていくなかで、内側にカルマが積まれ、一人の個性ある人間になっていきます。

そうした内側のメカニズムが、体の中にはあります。それは自然な発達、成長なのですが、人間は成長とともに、心を使い続け、エゴが肥大したのです。欲望によって執着が生じ、「くっつく性質」が異常に進化してしまいました。成長の一方で苦しむことが人生となったのです。

そのように、成長しながらくっつけてしまう傾向を、高次元のエネルギーで溶かし、気づきにより切り離して、超えることができます。それらが、サマディの智慧から生まれる、ヒマラヤ秘教の数々の秘法です。不純な質から純粋な質に変容します。

ヒマラヤ秘教は秘法の実践で順次浄め、サマディを目指していくわけです。浄め、

悟っていくその方法をこの後もう少し具体的に述べていきます。

真の深い愛は相手を限定しません

この心身、魂は、さまざまな内なるメカニズムが機能しています。悟っていくために、それらを浄め、考察していくうち、それが何であるかわかってくるのです。さまざまなエネルギーの入り口があり、それらのエネルギーを純粋にしていくことで、源の根源、「真ん中」への道が開かれるのです。まず行為を浄め、体と、それぞれのレベルの心を浄め、一つにして、悟っていきます。ヒマラヤ聖者の中の、サマディに達したシッダーマスターはそのことをよく知っているのです。

先日、家族に対する執着で悲しみ苦しんでいる母親にお会いしました。彼女には、成人して彼女のもとを離れた子供がいますが、お互いに自分勝手で、束縛し合い、責

め、時には放っておいたりしながらも、執着の思いがくっついて離れません。

解決のためには、母親である彼女に気づきが必要でした。自分はなんのために生まれてきたのか。子供は親の所有物なのか。その執着の思いはくっついて離れないものなのか。

子供の思い、母親の思いはそれぞれにあり、お互いが相手に、こうあってほしい、こうしてほしい、と願います。しかし、それらはそれぞれの価値観であり、自分のエゴからきたものです。真の深い愛からの願いではないのです。相手を限定してしまい、心を寂しがらせるものにすぎません。

真の深い愛へと成長していかなければ、お互いに責め合うだけなのです。**みんなが気づき、真の深い愛を理解する人になっていきます。そうすることで、道が開け、束縛し合わずに、それぞれの良い生き方を尊重することができるのではないでしょうか。**

そのためには、心身の浄化を進め、本当の愛、無償の愛を育んでいくことです。

このように、成長していくためには、真の深い愛と理解が必要です。それは何もし

ないで湧いてくるものではありません。

自分のなかのあちらこちらにはさまざまな執着があり、くっついています。それらを考察して、気づき、覚醒し、溶かしていく。まず、善なる行為を、深い瞑想を行って、理解して、それを超えていく。そうすることによって、究極のサマディに没入することができるのです。

五つの感覚と、体と心を浄めていきます

聴覚、視覚、嗅覚、味覚、触覚の五つの感覚が、耳、眼、鼻、舌、皮膚のそれぞれにあり、それぞれを浄めて、進化させていきます。捧げる行為、外側からの行為となる善行を進めます。次に瞑想を行い、源に何があるのかを探求していきます。

特に聴覚、耳にはいろいろな音が届きます。まずは外の音、自然の音、楽器の音、人の話し声など。体のなかからも音は聞こえてきます。深いところには鈴の音色のよ

うな音があり、シンバルのような音も聞こえてくるでしょう。さらに奥深いところからは、ナーダー音という内なる音が聞こえます。

そのような音に集中する修行があります。音の源に何があるのか探っていくことで、その中心に入ることができます。すると耳の機能も良くなり、遠くの音も聞こえるようになります。

また、右と左の耳のバランスは、心の平和にとって大切です。「真ん中」にいることの、大切な要素でもあるからです。

聖なる波動は、シッダーディクシャのイニシエーションによっていただく音の波動です。それは段階を追ったマントラがあり、また、チャクラというエネルギーのセンターを浄めるマントラの波動でもあります。

最初に災いを取り除くマントラをいただき、生きるパワーをいただきます。

頭が良くなるマントラがあり、癒しのマントラがあり、成功のマントラ、さらには悟りのマントラがあります。

マスターからそれらのマントラをいただくことで、楽にそれぞれのパワーの源泉に入り、その源に没入していきます。

感覚のさらに上には、心の各ステージがあり、感情のステージがあります。

喜んだり悲しんだりすると、その刺激を感じ取り、体はそれを覚えていきます。こういうときは悲しい、こういうときは苦しい、こういうときは痛むと覚えていくうちに、それがひどくならないように、それを避け身を守り、感情を通して全体のバランスをとる働きがあります。

しかし、人間は欲により感情が過多になっていくため、苦しみは増していくことになります。その働きを知り、浄めて、それを超えていくのです。

そのために、それぞれの瞑想があります。感覚の瞑想、音の瞑想、光の瞑想、香りの瞑想、フィーリングの瞑想、味覚の瞑想、呼吸の瞑想などです。

私の道場では、このように順次マスターのガイドで浄化し、浄めていきます。研修のコースや、セミナーの形で無理なく自然に行い、順次意識を浄め高めていくのです。

心のステージにもいろいろあります。目を覚ましている心、夢を見ている心、そして、夢もなんにも見ない深く眠った心があります。心にはさまざまな働きがありますが、それが眠ったままになったり、働きすぎたり、偏ったりしているのです。

それぞれを深く修行して、心とは何かを知っていくことも道場で自然な形で行われます。アヌグラハ（神の恩寵のエネルギー）のパワーを受けることで、心の質が変わっていき、サマディの修行によって、考える心、知識、記憶を洞察し、心を次第に理解することができるのです。

修行の中には、意識を覚醒しつつ夢を理解して見るものもあります。すべてが浄められれば、より覚醒して眠ることができるのです。

さまざまな体験や学習により、人それぞれの価値観があり、その思い込みはあなたの人生を翻弄しています。

瞑想で気づき、思いを浄めましょう。ディクシャのマントラやクリヤ秘法[*]のプラーナ（宇宙に遍満する源のエネルギー）は、思い込みの心を浄化して、空っぽに導き、自由な人にしてくれます。

＊クリヤ秘法　プラーナの生命力を高め、過去生からのカルマを強力に焼いて浄化する秘法瞑想。

信仰の力も大切です

体には、肉体の体と、感情の体、スピリットの体、心の体、さらに音の体、光の体、空の体の、七つの体があります。それらは大きく三つに分かれます。肉体の体、その内側にある細やかなアストラルの体、さらにその内側のより細やかなコザールの体です。

体の瞑想、心の瞑想、感覚の瞑想などを行っていくことで、体それぞれを浄め、明らかにしていくことができます。理解して、それらを超えて、深い真理を悟っていくのです。

これも本来、出家しないとできない修行であり、ヒマラヤ聖者は、そうした修行を修めてきています。

しかし、ここでは、シッダーマスターのガイドによって、順次、安全に浄化するこ

とができます。そこには信頼と信仰が欠かせません。それこそが、受け取る力となり、それがないと中心がぶれてしまいます。

さらに、深いところから浄めていくことができる、アヌグラハ（神の恩寵のエネルギー）のパワーもあり、これらは秘密の修行といえます。内側の変容の修行です。

より深いところから浄めるためには、外側の修行をしっかり行っておかなければなりません。外側のエネルギーが浄められていないと、それがにじんで内側に入り込み、内側を汚すからです。

ヒマラヤ秘教では「ヤマ（禁戒）」といわれる禁じる戒め、「ニヤマ（勧戒）」といわれる戒めを教えの第一歩とします。これは美しい心、行為、言葉を育てる教えです。

悪い行いをせず、悪い行為があったら浄化し、心身を汚さないようにしていきます。そして、いつも気づきを心がけて観察し、善行を積みます。こうして執着しない心と体をつくり始めるのです。

そして、最も大切なことは、こうした修行を始めるにあたって、神とマスターと自

分自身に決意を表明することです。「これから悟りへの道を信じて進んでいきます」「反省します。無知で執着し、心と体を、人と自分を汚したことを懺悔(ざんげ)します」と。そして「浄めてください」と祈ります。さらに「先祖と自分と家族のために修行します。世の中の役に立つ人になるために修行していきます」と発心(ほっしん)し、悟ろうと願うのです。

修行によって浄められ、心身を超え、創造の源に動かない状態が現れてきたとき、サマディに入るのです。深い瞑想に入って、やがて覚醒や悟りが訪れることになるでしょう。

それには、高次元の存在への信仰の力が大切です。それは集中する力であり、受け取る力でもあります。持続する力、努力する力、信じ続ける力が大切なのです。

七つの体の覚醒を誘いましょう

悟りとは、前述の七つの体の覚醒のことです。

まず一つの体をターゲットとして観察します。それから源のセンターに行き、そこに何があるか悟っていきます。

そして、他の体の各部分についても気づき、観照していき、真理を考察するのです。

それを集中して続けていくと、そこにサンカルパという強い意志の力が生まれます。

さらにアーナンダという喜びのステージに変わっていきます。

心身がなくなり軽やかになり、ただ海のような静けさがあります。そして、その対象となった体に、執着を取る、「捨てる」ということが自然に起きていきます。

そうして、空（くう）を体験することができるのです。


さらに、心の持ち方がいろいろありますので、生活のなかで気づきを深めることで、サマディへの準備を整えていきます。そうして悟りに向かい、最終的に執着がなくなり、究極の悟りが起きます。解脱が起きるのです。

ニルヴァーナには、「吹き消す」という意味もあります。火を吹き消したあとの静寂が、涅槃のイメージなのでしょう。

マスターから高次元のエネルギーをいただくため心身ともに準備します

クンダリーニというエネルギーがあります。クンダリーニは、体のなかにある生命エネルギーであり、宇宙に遍満する源のエネルギーであるプラーナに通じるエネルギーのことです。人の体内のプラーナのセンターを、特にシャクティと呼んでいます。シャクティを目覚めさせることができるのは、シッダーマスターのディクシャという高次元のエネルギー伝授によってです。

マスターのシャクティパットと呼ばれるタッチで、何生ものカルマを浄めることによって、内側を目覚めさせます。深い静寂に導かれて、生まれ変わるのです。

これはアヌグラハ（神の恩寵のエネルギー）の伝授です。マスターがシャクティの力を目覚めさせるので、「霊力の原型を与える」ことにもなります。

さらに、シッダーマスターはさまざまな高次元のエネルギー伝授や瞑想秘法、修行秘法を与えることができます。弟子はマスターのエネルギーを直接あるいは間接に受けるのです。

ディクシャのなかでの祝福は、世界中どこにもない特別なタッチで行われます。

また、ディクシャの後のシッダーマスターとの出会いであるダルシャンで、弟子は強い信頼、信仰を持つことによって、いつもアヌグラハを受け取ることができるようになるでしょう。ディクシャで内側が目覚めたため、マスターの目から、智慧の言葉から、声の波動から、存在そのものから、祝福を受けることができるからです。

シャクティパットは、シッダーマスターのオーラを弟子に注ぎ込むことになりますので、重要なのはマスターの霊性の高さです。私は霊性という言葉は使わず、高次元のエネルギーという言葉を使っています。

霊性の高いマスターがシャクティパットを行うと、深いカルマが浄められ、変容し生まれ変わります。高次元のエネルギーを授けられ覚醒が起き、その後、自然にクンダリーニが上昇するといわれています。

ただし、弟子に準備ができていないと、何事も起きません。その準備とは、浄めと

サレンダー（明け渡す）で、そしてマスターと弟子の関係は永遠に続くのです。

さて、マスターは、現代のインドにも大勢いらっしゃいます。マスターと呼ばれているグル（師）は少なくありません。

最高のマスターは、サマディマスターです。ヒマラヤの秘境には、深いサマディを成し遂げたマスターがおられますが、ヒマラヤ奥深くから降りてはこられません。現在、活動しているシッダーマスターは世界中でパイロットババジと私の二人のみです。

私の「ヨグマタ」という称号は、「宇宙の母」という意味で、インド政府からスピリチュアルネームとしていただきました。私はヒマラヤ聖者から「日本人を救いなさい」と命を受けて、真理への道を伝え、ディクシャを授けています。

しかし、ディクシャは、マスターがその人のカルマを引き受け浄化してあげるので、それによってマスターもなんらかのリスクを受けます。ですから、本来ヒマラヤ聖者は行いませんが、私はみなさんのカルマを引き受け、浄めることを厭（いと）いません。

ただし、みなさんはより早く多くの人々を真理に導き、救う力としてそれを活用し

なければなりません。ヒマラヤの祝福が広がっていき、世界に平和が広がる、そうした愛を広げていきます。ゆるぎない自分自身の体と心の浄化と、愛の修行は人々を救うことで、さらに力強く進むことができます。

それが、アヌグラハ（神の恩寵のエネルギー）のブレッシング（恵み・祝福）を受け続ける行為なのです。エネルギーは伝播するもの、そして、マスターを信頼し、そばにいることで、みなさんも祝福を受けることができます。

最初は、高次のエネルギーの伝授が、ディクシャによってなされ、そのときに聖なる音の波動の伝授があります。それが常に高次元につながる波動であり、源と共にある人になっていく修行法、サマディ瞑想秘法をいただくことです。

覚醒の途中で「魔境」に陥らないためにもマスターが必要です

多くの修行者がいるインドにおいて、修行の途上、万一クンダリーニが目覚めたと

しても、その目覚めのために心と体を破たんさせて、苦しんでいる修行者もいるようです。

エネルギーのどこか一部が活性化しすぎて、コントロールできない状態に陥るのです。カルマが目覚め、翻弄されることもあります。

例えば、得体の知れない声が聞こえるというのも、その人の心がアンテナとなり、いろいろな人格のエネルギーを引き寄せ、そのエネルギーにコントロールされてしまっているわけです。いろいろな声が聞こえたり、多重人格になってしまうなど、いわゆるチャンネル（媒体）のようになってしまうのです。

一人で修行をしてクンダリーニを覚醒させることはとても難しく、不可能ではありませんが、簡単にできることではありません。

それに、一人で修行をして、なんとかクンダリーニを覚醒させたとしても、「完全に覚醒させる」までには想像も及ばない茨（いばら）の道が立ちはだかっています。この小宇宙のことを知らず、シッダーマスターのガイドもなしに修行を行うことは、無謀としか言いようがありません。

クンダリーニを「完全に覚醒させる」ことを、「スシュムナーに入る」といいます。スシュムナーよりもクンダリーニのほうがよく知られているので、ここではクンダリーニという言葉を使って説明を続けます。

クンダリーニを覚醒させれば、その時点でほとんどのケースに神秘体験があります。そこから、クンダリーニを完全に覚醒させるまでのあいだに、実にさまざまなことが起きます。

このクンダリーニを完全に目覚めさせていくには、マスターの力が欠かせません。修行者は、目覚め始めのクンダリーニを一人で浄めることも、完全に目覚めさせることもできないのです。マスターにカルマを浄化していただくことで、カルマや潜在意識の浄化が進み、霊性が目覚めていきます。そして、内側が変容して、意識の進化が進むのです。

ですから、グル（師）やマスターによるガイドは非常に大切です。修行する人のすべては、「究極のサマディ」つまり「解脱」の経験はありません。「解脱」は未知の世界なのですから。

クンダリーニが覚醒すれば、自然に「完全な覚醒」が起こるわけではありません。

そのあいだには途方もない距離があり、その修行の途中には「魔境」というエネルギーの混乱もあるのです。

人の内側の潜在的パワーには計り知れない力があります。ひとたびそれが目覚め、そこに大きなエゴがあると、悪さをして「魔境」を出現させるのです。

エゴで修行を行えば、クンダリーニの覚醒まで行き、そのあとに「魔境」に捕まってしまうことがほとんどです。グルやマスターによるガイドは、未知の世界への案内だけではなく、「魔境」に陥らないためのガイドでもあるのです。

ただし、グルやマスターを自称している人のなかには「魔境」に陥ったままの人もいるようなので、注意しなければなりません。

シッダーマスターからいただくマントラには大きな力があります

「魔境」というと、とんでもない世界のようですが、修行している者にとっては、さ

ほど珍しいものではありません。

シッダーマスターでない人が、真理を知らずに悟ったと称してマントラを伝授するという無謀なことをすると、マントラを与えた人を「魔境」に陥らせてしまうこともあるようです。マントラは必ず究極のサマディを成し、究極の悟りを得た正しいマスターに伝授していただかなければなりません。

例えば、聖なる音の秘法マントラの使い方の間違いによっても、「魔境」に陥ってしまうことがあります。聖なる音の秘法には「執着」を溶かして手放すためのものもあれば、逆に「執着」を呼び起こし、マインド（心）も使って「くっつける」ための音の秘法もあります。

もちろん、「執着」を取り除かなければならない修行者に、「執着」を呼び起こす聖なる音の秘法を使うべきではありません。

聖なる音の秘法だけを覚えて悟ったグル（師）を自称し、修行者に悟りをガイドしたり、適当に聖なる音の秘法を振り分けたりしていると、誤ってよりいっそう「執着」を呼び込んだり、エネルギーを乱してしまうことも起きうるでしょう。そうなると、その修行者はバランスを崩し、不安定になったり、おごりの人になります。どう

しようもなくなると「魔境」に陥ってしまうのです。

また、聖なる音のことを本などで知って唱えても危険です。究極のサマディに達していない、悟りを得ていないマスターの悟りのガイドや聖なる音の伝授は、カルマや体質や修行歴が一人ひとり異なっている修行者の状態の詳細がわからず、合わないものが与えられると、それはとても危険なのです。


正しいマスターを選ぶ必要があります。本や悟っていないマスターからのものは、大きな力になりません。

マントラが、大きな作用となるのは、高次元のエネルギーを持っているマスターからいただいたときのみです。

そして、そのマスターのガイドによって、聖なる音とともに、聖なる高次元のエネルギーにつながることは多大な恩恵となって、あなたの変容を促してくれます。

事情を知らない人のなかには、聖なる音の秘法マントラや瞑想秘法などの詳細がわからず、たいしたことはないと言う人も多いようですが、それは間違いです。シッダーマスターからいただく、聖なる音の秘法マントラや秘法には大きな作用があります。

だからこそ、その秘法マントラや瞑想秘法の使用法を間違うと、大変なことになってしまうのです。

秘法マントラやその他の瞑想秘法を扱うときは、常にマスターのガイドを受けなければなりません。そして、正しい心と信仰心、信頼と、清らかな心で接していかなければなりません。

秘法マントラに限らず、シッダーマスターの教えに対して、疑いの心、不遜な心、否定的な心、冒瀆(ぼうとく)する心などがあっては、天に向かって唾を吐いたかのように、その人に災いが降りかかってきます。

マスターとのつながりを無視して、天と真理につながるこの道のことを安易に扱ってはいけません。

人を傷つけるような悪い心を持ったり、非難する心や、否定的な心を持ったりしたままで秘法を行うと、自分の潜在意識の悪いエネルギーが強化され、活性化して大変なことになります。

こうしたスピリチュアルな行為は正しい心、感謝の心、素直な心で行わなければなりません。その修行者に適していない秘法マントラや瞑想秘法を使うことも間違いで

すが、たとえ適していても、お唱えするときの修行者の思いが違っていれば、それも間違いであり、大変なことになります。

また、秘法についても、その人のレベルでの段階に応じた秘法を順次受けて行わないと、内側のバランスがとれなくなるのです。そして、悟り、真の幸福になるためには、良いエネルギーのサポートを受けるための信仰が欠かせないのです。

ヨガではプラーナヤーマ（呼吸法）がたいへん重要です

繰り返しご説明しているように、マスターから直接、高次元のエネルギーをいただいて信頼して修行することが、とても大事です。

マスターと共にあることで、高次元のエネルギーは、低次元のエネルギーを次々と吸収していきます。

この道は、実践の道であり、内側の変容の秘法は、我欲の心で行うと怪我をしてし

まうこともあります。しかし、残念なことに、そのことを理解いただけないことがあるのです。

高次元の恩恵であるこの秘法は、深い信頼、曇りのない信仰、純粋な心でしか、受け取ることができません。

また、秘法を公開することも、みなさんの安全のためにできません。責任が持てないからです。

深い浄化の数々の秘法も公開できませんが、私はこの本を、愛を込めて書いています。この文字からこの行間から、そうしたものはにじみ出て、あなたは修行や瞑想をしなくても、もし信頼するならば多大な恩恵を受け取っています。

これは単なる知識の本ではありません。そうしたことを理解されるよう、切に願っています。

さて、ヨガでは、プラーナヤーマ（呼吸法）がたいへん重要だとされています。シッダーマスターはすべての体と心のメカニズムを知り尽くしており、生命エネルギーの表れであるプラーナ（生気）の操り方を熟知しています。

宇宙エネルギーであるプラーナは、人の生命エネルギーでもあります。プラーナヤーマ（呼吸法）でプラーナ（生気）をコントロールして、プラティヤハーラ（制感）から、ダラーナ（凝念）、ディヤーナ（静慮）、ついにはサマディ（三昧）へと入っていくのです。

しかし、そのプラーナヤーマも、強すぎると破壊的なエネルギーになってしまいます。このことは、あまり知られていませんが、プラーナヤーマをしっかりとやればやるほどサマディへ近づくことができる、というわけでもないからです。

近年、中国の伝統的な民間療法である気功がちょっとしたブームになっていますが、やりすぎには注意です。「偏差」といって神経がおかしくなることもあるようです。

インドでは、解脱できるのは出家修行者だけです

マスターから直接エネルギーをいただき、そのガイドによって修行することは、昔から出家修行者のみの道とされてきました。

「真ん中」に達し、さらに深めていって「真ん中」に居続けることが、究極のサマディです。仏教でいう「完全解脱」です。それは、誰でも不可能ではありませんが、そうとうな狭き道です。途中で「魔境」という、エネルギーや神経の混乱に陥ってしまって、「真ん中」に達することができなかった修行者も少なくありません。

膨大な年月を要し、家族、仕事、社会的地位などを、捨てることになってしまうことが多いのも現実です。

インドでは、仏教でもジャイナ教でも、悟りを開いて解脱できるのは、出家修行者だけということになっています。お釈迦様が生きておられたころは、特にそうでした。

その後、何百年もたってから、在家の人は、解脱を目指して修行をしている人のお手伝いをすることで、「良いカルマを積み救われる。今度生まれ変わるときは、良いところに生まれ変わることができる」と説かれるようになりました。

そうしたなかで、十九世紀になると、定年になるまで普通に仕事をして、それから

出家して悟りを目指す人も出てきました。また、半分出家して半分家族と共にというスタイルの方も出てきました。智慧の悟りの道を目指すのです。

究極のサマディによる悟りではないのですが、そうした方も出始めてきたのです。

悟りには、魂の浄化は欠かせないのです。

私は「浄化して変容する方法」と「理解する方法」、「愛の方法」と「エネルギーの方法」、それらを総合した方法で、サマディを得ています。

このように私を含めた先達によって、悟りへの道には進化が起きています。

今は、そうした聖者の気づきをいただいて、いきなり安全な段階から気づきが深まり、安心してサマディへの道を歩んでいくことができるのです。

出家しなくても修行はできます

サマディに至る体験と共にあるには、どうしたらいいのでしょうか。つまり、「真ん中」に至り、執着を増やさず、心を超えて、常に平和な心でいるには、どうするかということです。

まず、中心を失わないようにします。

そして、エネルギーの流れがブロックされないようにする必要があります。そうすると、エネルギーが流れ続けて、ワンネス（神と一体の状態）になるのです。

私たちの体のなかには川のような流れがあります。それは最初は七万二千の川の流れですが、それが大きな百八の流れになります。

それは、さらに十三の大きな流れとなり、最後は三つの大きな流れになります。その三つが、イダー、ピンガラ、クンダリーニすなわちスシュムナーの流れです。三つの大きな流れのなかで最大の流れは、スシュムナーの流れです。

そして、たとえて言いますと、そのすべての川の水が注ぎ込んだ海のような「静寂」にならなければならないのです。

瞑想は執着を溶かし、解放していく作用があるので、「静寂」になるためには瞑想が必須です。

そのほかに、反対の心を持つことにより、バランスをとるという方法もあります。「くっつく性質」や執着が強ければ、修行として「喜捨（きしゃ）」や「奉仕」を行い、その心の執着や依存を落としてバランスをとるのです。

また、次元の違うエネルギーに変わることにより、流れが変わったり、執着が溶けて落ちたりすることもあります。そのときにはほとんど瞬間的にエネルギーが溶かされてその流れが変わります。

このような瞑想をすること、反対の心を持つことなども、出家しなくてもできる修行なのです。

信仰の不足により、修行が進まないことがあります

私の道場では、高次元のエネルギーを伝授しながら、高度な修行を誰もがやさしく安全にできるよう、段階を追って進めています。もっとも、それを効果的に受け取る

ためには、修行者が信頼を持って、それを受ける準備が必要です。見えない存在、神と橋であるマスターを信じることも必要です。

あなたの中に素晴らしい存在があって、あなたを支えてくれています。それがあなたに勇気と安らぎを与えてくれます。

ですから内側を目覚めさせ、それを少しでも感じていただくために、まずディクシャを与えています。それをきっかけに、自分を信じ、見えない存在を信じてほしいのです。そのことが急務なのです。

準備にはさまざまなものがありますが、特に必要なのが信仰です。信仰がしっかりしていないと、修行が進まないということもあります。修行を進めながら、信仰心を養っていくことを欠かさないようにしましょう。

インドで生まれたヨガも宗教です。神を知る教えです。ヨガは世界で親しまれていますが、残念なことに現在ではほとんどが「健康体操」になってしまいました。それでも、もちろん恩恵はあるのですが……。

ヨガの故郷インドでは、すべての人が信仰を持ち、ある種、おおらかな心を持って

います。そのため、わざわざ「信仰が大切である」ということを言わなくても大丈夫なのです。

ところが今の日本には、素朴な信仰を持っている人が非常に少なくなりました。「信仰を持ったほうがいい」などと言うと、宗教の勧誘のように思われてしまいます。

私の道場には、出家した修行者も在家の修行者もいます。私はすべての人にディクシャを与えています。出家者はいつも私のそばにいるというメリットがあります。彼らは与えられた密かな修行をして魂の浄化をしています。ディクシャを与える多くは、在家の修行者です。合宿に参加するのも、ほとんどが在家の修行者です。その在家の修行者に対して、私はこれまで「信頼が大切です」と言っています。それは創造の源への信仰が大切であるという意味です。

インドにおいては、真理への道、悟りへの道には信仰が大切であることなど、あえて言う必要もないくらいに、当たり前のことです。しかし、それは当たり前でなく、もっとしっかり、さらに言う必要があります。なぜなら、日本にはもう素朴な信仰がなくなり、皆信じなくなっているからです。

誰にでも「真ん中」に至るための修行ができます

社会生活、家庭生活をしていると、「真ん中」に達し、サマディに至る瞑想の修行がぐらついてしまいます。まわりから「あれが欲しい」「こうしてほしい」、あるいは「何をしているのだ、そんなことは価値がないことだ」などといった無理解な反応を受けることにもなるからです。

それでも、ひるまずに悟っていきたいと、決意を揺るがすことなく持ち続けるには、揺るがない信仰が必要です。そして、さらに揺るぎない心で修行を行い、その良さを実感することです。

つまり、信仰と修行の両方が必要だということになります。信仰は本来、修行のなかに含まれるもの、修行の一部なのですが、ここではあえて二つに分けて説明します。

信仰は、精神統一の「行(ぎょう)」でもあります。

この本では、執着に焦点をしぼって、いかにそれを手放すかということを述べてきました。

揺るぎない存在とつながることが、執着や「くっつく性質」を外す唯一の方法です。その方法は、ヒマラヤ秘教のシッダーマスターにしか与えられていません。

ヒマラヤ秘教の瞑想や秘法や、生き方のヒントの実践で、カルマを浄化するのです。カルマは、間接、直接に浄化できます。

そのようなサマディの修行、解脱への修行が、こうして今、あなたの前にあります。家族とともにあって、山にも籠もらず、蛇やライオンやトラ、ネズミやゴキブリやハエに悩まされないで、安心して、清潔な温かい、聖なる波動に満ちた道場で修行ができることは、非常にありがたいことです。

それは、シッダーマスターが東京にいるからです。日本にいながらにして、ヒマラヤ聖者の恩恵をいただくことができるのです。

段階に応じて、シッダーマスターが直接エネルギーを伝授するシッダーディクシャ、さらにはヒマラヤ秘教の各種瞑想秘法、神の恩寵のエネルギーを伝授するアヌグラハ

ディクシャ（祝福）などをいただき、悟りへの道を最速で進むことができるようになったのです。

ただし、修行によって「真ん中」に至るには、続けるという、揺るぎない意志が欠かせません。

自然に親しむことは、心地よいことです。病気にならないように注意することも必要なことです。さらに、無心に生きることも大切です。

調和をはかって、神が与えてくれた良き性質を伸ばし、愛の人、平和の人になっていただきたいのです。欲しい欲しいではなく、分かち合いましょう。

神の愛の源に還り、神とマスターへの百％の信頼を築きます。日々、瞑想をして、良いエネルギーに触れていただきたい、と思います。

これらは、すべてサマディ、つまり「真ん中」に至るための修行でもあります。これらの修行は、今のあなたそのままで始めることができます。あなたの内側にしっかり意識を向けさえすれば、気づきが起きて超えていくのです。

釈迦牟尼仏陀（しゃかむにぶつだ）の起こした仏教は、もともとインドのヒンドゥー教の母体であるバラモン教という宗教の一つの流派でした。仏陀が生きている当時は、出家修行者があちらこちらの土地を移動しながら修行していたのです。インドのサドゥ（苦行者）は、今もそのように生活しています。

本来、日本のお坊さんも仏教の僧侶であり、お釈迦さまの弟子である、出家修行者ということになっています。しかし、親鸞（しんらん）さんの妻帯は有名ですが、今ではほとんどの僧侶が結婚しています。

日本はそのように変わってしまいましたが、東南アジアの仏教のお坊さんのほとんどは今も出家修行者です。

私のところではリトリート（宿泊しての研修）の形での、パワフルで安全な出家の修行もできるようになっています。私の道場のスタッフは、まさに出家修行者のようであり、日々カルマを落とすための修行や特別な修行をしていて、毎日がリトリートになります。

今もインドには出家修行者が、二千万人ほどいます。ただし、その多くは超能力を求めていて、悟りを求めている人は少ないようです。

そんななかで、私はみなさんにサマディへの道、悟りへの道、「真ん中」への道をご紹介したいのです。

現代こそ活かされるべきヒマラヤ聖者の智慧

これまで述べてきたように、くっつけすぎ、持ちすぎに拍車がかかると、とても忙しく、あくせくしてしまいます。マインド（心）ばかりが強くなっていきます。

そうしたなかで、一つの思想や信条などに凝り固まってしまうと、平和から遠くなっていきます。国や民族、あるいは何かの団体などがそのようになると、それに翻弄されて、混乱して争いが起きることもあるかもしれません。

それは、愛で生かす、生命エネルギーに反する行為でもあります。

思想や信条にこだわり始めると、私の国、私の民族、私の宗教と、そこに排他的な強いこだわりが生じます。

それぞれの神は一つであって、またさまざまな価値観があり、さまざまなマインドがあります。その違いを受け入れるには、気づきを深め、高次元のエネルギーにつながることです。ワンネス（神と一体の状態）の修行をすることが必要なのです。

人間とは何か。心とは何か。人類はこれからどのように進化すればよいか。そうたことに気づき、真理を理解していくために瞑想を行います。

すると、**思想や信条のこだわりは心の働きであり、本来のものではない。違いや、分別する心であり、そこに対立する関係が生まれる、と気づくのです。**

個人のエゴは、いつの間にか民族や、国のレベルのエゴとなり、お互いにわかり合えず、やがて民族間の争いや戦争につながっていきます。

いさかいの理由はさまざまにありますが、それなりにみんな説得力があります。しかし、**地球上に棲息（せいそく）する生命という基本に立てば、支配や戦争が良くないことは明白です。**

ところが、理論や理屈、イデオロギーや思想、マクロ経済学などの切り口から、頭の良い人たちがいろいろと考え抜いたあげく、その結果、とんでもない間違いを引き起こしています。

ヒマラヤ聖者の智慧は、五千年以上にもおよぶ長い年月、ごく少数のマスターがごく少数の弟子に授けるという形で継承されてきました。そのことにより、純粋さを保ち、悪用されることもなく、今日まで守られてきたのです。

そのヒマラヤ聖者の智慧に、私が連なったということは、新たな時代の開幕を告げるものなのかもしれません。

鎌倉時代、法然上人（しょうにん）、親鸞上人、一遍上人、日蓮上人などは、こぞって「昔は法を求めて比叡山に登ったが、今は衆生済度（しゅじょうさいど）のために比叡山を下りる」と、比叡山を後にしました。お上人様たちはいずれも出家して、比叡山で厳しい修行をしましたが、自らの修行（上求菩提（じょうぐぼだい））を捨てて、衆生救済のために比叡山を下りたのです。

衆生救済も、尊い修行です。自らも悟りを求めながら、人々をも救う修行です。そうして、日本に鎌倉仏教という独自の仏教が、多くの信者さんをともなって成立したのでした。

私はヒマラヤの奥地で修行し、そして今、この日本で、みなさんの意識をしっかり進化させるためのお手伝いをしています。

人はあまりにも心にこだわり、いろいろなものをくっつけ、真理から遠くなってしまっています。愛を忘れ、平和を忘れ、本質を忘れています。エゴの競争で多くの時間と豊かさを使い、幻の中をさまよっています。

今こそ意識を目覚めさせ、真理につながり、この地球が愛と平和をもって生かされ、人類が真理の恩恵を受けて生きていくことができますように、と私はメッセージを届けていきたいのです。

『「心の癖」を変えて幸せに生きる』が、文庫本となって多くの皆様に届けられることになりました。幻冬舎の菊地様、袖山様に感謝いたします。

皆さんがヒマラヤ秘教の恩恵につながり、行為を正して瞑想を生活に取り入れ、本質、真理に向かっていただきたいと願っています。

心の癖から真ん中、つまり本当の自分、創造の源からの生き方があります。豊かさをもって生きていけることを書きつづりました。それはサマディへの道、悟りへの道です。悟りが今、ヒマラヤの聖者によって身近なものになったのです。

ヨグマタ相川圭子（あいかわけいこ）

女性で史上初、「究極のサマディ（悟り）」に達したインド政府公認のシッダーマスター（サマディヨギ／ヒマラヤ大聖者）。現在、会うことのできる世界でたった2人のシッダーマスターのうちのひとり。仏教やキリスト教の源流である5000年の伝統を持つヒマラヤ秘教の正統な継承者。1986年、伝説の大聖者ハリババジに邂逅。毎年ヒマラヤの秘境で修行し、死を超え、そこに何日もとどまる究極のサマディを成就し究極の真理を悟る。神我一如、最終解脱をはたす。1991～2007年、計18回インド各地で世界平和と愛をシェアするための公開サマディを行う。2007年、インド最大の聖者協会から精神指導者の最高の称号「マハ・マンダレシュワリ（大僧正）」を授かる。日本にて30代から約40年にわたり朝日、読売、NHKのカルチャーセンターなどでヨガ教室を指導・監修、および真の生き方を講演する。ヒマラヤディクシャを伝授し、ヒマラヤ瞑想の伝授と研修、合宿を行う。欧米でも同様に行う。2016年6月と10月、2017年5月に国連の各種平和のイベントで、主賓としてスピーチをする。著書は、『心を手放す ヒマラヤ大聖者の人生を照らす言葉』（大和書房）、『ヒマラヤ聖者のいまを生きる知恵』（PHP文庫）、『ヒマラヤ大聖者のマインドフルネス』（幻冬舎）、『八正道』（河出書房新社）、『The Road to Enlightenment』（Kodansha USA）など多数。2017年4月よりTBSラジオにて生き方を語る。

〈問い合わせ先〉
ヨグマタ相川圭子主宰　サイエンス・オブ・エンライトメント
ＴＥＬ：03-5773-9870（平日10時～20時）
ＦＡＸ：03-3710-2016（24時間受付）
ヨグマタ相川圭子公式ホームページ　http://www.science.ne.jp/

編集協力／竹森良一
編集／富岡啓子（株式会社世界文化クリエイティブ）

この作品は二〇一四年十月世界文化社より刊行された『「心の癖」を変えて幸せに生きる』を改題、加筆修正したものです。

幻冬舎文庫

●最新刊
瞑想で愛の人になる
ヒマラヤ大聖者のシンプルな智慧
相川圭子

心や体の奥深くには、深い海のような無限の静けさと愛があります。けれども、あなたの心はゴミで覆われているのです。世界に二人のヒマラヤ大聖者が伝授する、愛の人になる方法。

●最新刊
沈黙する女たち
麻見和史

廃屋に展示されていた女性の全裸死体が、会員サイト「死体美術館」にアップされた。次々起こる廃屋での殺人事件、正体不明の脅迫者。真相は一体？「重犯罪取材班・早乙女綾香」シリーズ第2弾。

●最新刊
鍵の掛かった男
有栖川有栖

中之島のホテルで老年の男が死んだ。警察は自殺と断定。だがホテル関係者は疑問を持った。有栖川と火村が調査するが男の人生は闇で〝鍵の掛かった〟状態だった。男は誰か？ 驚愕の悲劇的結末！

●最新刊
それを愛とは呼ばず
桜木紫乃

妻を失った上に会社を追われた五十四歳の男と、タレントになる夢に破れた二十九歳の女。孤独な二人をつなぐものは、「愛」だったのか、それとも——。美しくも不穏な傑作サスペンス長編。

●最新刊
雨に泣いてる
真山　仁

巨大地震の被災地に赴いたベテラン記者・大嶽は、究極の状況下で取材中、地元で尊敬される男が凶悪事件と関わりがある可能性に気づく……。読む者すべての胸を打ち、揺さぶる衝撃のミステリ！

瞑想で心の癖を変える

ヒマラヤ大聖者のシンプルな智慧

相川圭子

平成29年10月10日　初版発行
令和7年6月10日　2版発行

発行人——石原正康
編集人——宮城晶子
発行所——株式会社幻冬舎
〒151-0051東京都渋谷区千駄ヶ谷4-9-7
電話　03(5411)6222(営業)
　　　03(5411)6211(編集)
公式HP　https://www.gentosha.co.jp/
印刷・製本—中央精版印刷株式会社
装丁者——高橋雅之

検印廃止
万一、落丁乱丁のある場合は送料小社負担でお取替致します。小社宛にお送り下さい。

本書の一部あるいは全部を無断で複写複製することは、法律で認められた場合を除き、著作権の侵害となります。

定価はカバーに表示してあります。

Printed in Japan © Keiko Aikawa 2017

幻冬舎文庫

ISBN978-4-344-42667-2　C0195　　心-9-1

この本に関するご意見・ご感想は、下記アンケートフォームからお寄せください。
https://www.gentosha.co.jp/e/

瞑想で心の癖を変える
ヒマラヤ大聖者のシンプルな智慧

相 川 圭 子

幻冬舎文庫